Michael Lehmann

Marinisierung

vom Automotor zum Bootsmotor

www.salzwasserverlag.de

Bibliographische Information:

Die Deutsche Bibliothek verzeichnet diesen Titel in der Deutschen Nationalbibliografie. Bibliografische Daten sind unter *http://dnb.ddb.de* verfügbar.

Lehmann, Michael

Marinisierung – vom Automotor zum Bootsmotor

4. Auflage 2004

Nachdruck, auch auszugsweise, nur mit schriftlicher Genehmigung des Verlags

ISBN: 978-3-937686-05-9

© CT Salzwasser-Verlag GmbH & Co. KG, Bremen, 2008
www.salzwasserverlag.de

Dieser Titel unterliegt dem Gesetz zur Regelung der Preisbindung von Verlagserzeugnissen (BGBl. I Nr. 63 vom 5. September 2002)

INHALTSVERZEICHNIS

I.	Einführung	12
II.	**Marinemotore oder Marinisierung?**	**15**
1.	Marinemotore	15
2.	Marinisierte Motore	19
III.	**Welcher Antrieb für welches Boot?**	**21**
1.	Motorboote	21
1.1.	Verdränger bis 4 to.	21
1.2.	Verdränger von 4 – 10 to.	22
1.3.	Verdränger über 10 to.	23
1.4.	Gleiter	23
2.	Segelboote	25
2.1.	Bis 7 to.	25
2.2.	Über 7 to.	27
IV.	**Marinisierung von Dieselmotoren**	**29**
1.	Allgemeines	29
1.1.	Drehzahl/Drehmoment	32
1.2.	Aufladung	32
1.3.	Elektronisches Motormanagement	33
1.4.	Nockenwelle/Ventiltrieb	36
2.	Motorwahl	37
2.1.	Marinisierungsfähige Dieselmotore	38
2.1.1.	Bis 35 kW	40
2.1.1.1.	Mercedes OM 636	40
2.1.1.2.	Andere	42
2.1.2.	Über 35 kW	43
2.1.2.1.	Mercedes OM 615 – 621	43
2.1.2.2.	Mercedes OM 601, 602	45
2.1.2.3.	Mercedes OM 314	45
2.1.2.4.	Mercedes OM 352	46
2.1.2.5.	Mercedes OM 364/366	46
2.1.2.6.	VW 068	47
2.1.2.7.	VW 028	49
2.1.2.8.	VW 075	49
2.1.2.9.	Ford XLD	50
2.1.2.10.	Ford FSD	50
2.1.2.11.	Peugeot XD/XUD	51
2.1.2.12.	Peugeot XPD	52
2.2.	Bezugsquellen für Dieselmotore	52
3.	Der Vorgang der Marinisierung	55
3.1.	Umbausätze	56
3.2.	Einzelkomponenten	58
3.2.1.	Motorblock	58

3.2.2.	Fundamente	60
3.2.3.	Ölversorgung	62
3.2.4.	Kühlung	64
3.2.4.1.	Einkreiskühlung	65
3.2.4.2.	Flächenkühlung	68
3.2.4.3.	Zweikreis-Frischwasserkühlung	72
3.2.5.	Abgassystem	76
3.2.6.	Luft/Treibstoffversorgung	77
3.2.7.	Getriebe	79
3.2.7.1.	Verstellpropeller oder Getriebe?	80
3.2.7.2.	Getriebewahl	80
3.2.7.3.	Übersicht Bootsgetriebe	82
3.2.7.4.	Bezugsquellen für Getriebe	84
3.2.7.5.	Dämpferplatte und Adapter	84
3.2.8.	Welle und Schraube	87
3.2.9.	Z-Antrieb, Saildrive	89
3.2.10.	Armaturen	90
3.2.11.	Elektrik	93
3.2.11.1.	Batterien	94
3.2.11.2.	Lichtmaschine und Anlasser	96
3.2.11.3.	Vorglühanlage	97
3.2.11.4.	Abschalt-Vorrichtung	98
3.2.11.5.	Überwachungsinstrumente	99
V.	**Marinisierung von Benzinmotoren**	**101**
1.	Motore	101
2.	Besonderheiten	101
VI.	**Marinisierung von E-Motoren**	**103**
1.	Fertigsysteme	104
2.	Eigenbau	105
2.1.	Motore	105
2.2.	Motorfundament	107
2.3.	Getriebe	107
2.4.	Motorsteuerung	109
2.5.	Batterien	110
2.6.	Überwachungsinstrumente	112
2.7.	DC-DC Wandler	112
2.8.	Propeller	113
3.	Batterieladung	113
3.1.	Primärladung	114
3.1.1.	Landstrom	114
3.1.2.	Rekuperation	114
3.1.3.	Generator	116
3.2.	Erhaltungsladung	116
3.2.1.	Windgenerator	116
3.2.2.	Solarenergie	117
4.	Fazit und Kosten	117
VII.	**Der Hybridantrieb**	**120**

1.	E-Motor	123
1.1.	Motorgröße	123
1.2.	Installation	123
2.	Umformer, Batterien, Ladetechnik	126
VIII.	**Anbieterverzeichnis**	**128**
1.	Motore	128
1.1.	Verbrennungsmotore	128
1.2.	E-Motore und Zubehör	129
2.	Marinisierungskomponenten	131
2.1.	Allgemein	131
2.2.	Kombikühler	132
3.	Getriebe	133
3.1.	Wendegetriebe	133
3.2.	Z-Antriebe	135
3.3.	Zahnriemen, Scheiben	135
3.4.	Dämpferplatten	136

I. EINFÜHRUNG

Die Marinisierung von Motoren für die Belange der Sportschifffahrt ist ein Thema, das trotz zunehmender gesetzgeberischer Zwänge immer noch große Bedeutung in der Praxis hat.

Dies hängt zum einen mit der Zunahme der motorisierten Sportschifffahrt insgesamt zusammen, aber auch mit veränderten Ansprüchen. Wer früher einmal mit einem Segelboot und einem alten 6-PS Perkins über die Weltmeere fuhr, der verließ sich in erster Linie auf seine Segel. Wenn der Motor funktionierte, war es gut, wenn nicht, kam man auch zurecht. Das hat sich geändert. Viele Segler sind aus Alters- und Komfortgründen auf Motorboote umgestiegen und auch die immer teureren und größeren Segelyachten werden heutzutage von aufwändigen Maschinen angetrieben, deren Komplexität nicht immer in einem gesunden Verhältnis zu den besonderen Betriebsbedingungen auf dem Wasser steht.

Hinzu kommt die auch im Automobilbau zu beobachtende Tendenz, immer filigranere Technik zu verwenden. So verwundert es den Fachmann denn auch nicht, dass Bootsmotore häufig nur einen Bruchteil der Lebensdauer ihrer landgebundenen Brüder erreichen. Das Salzwasser, die artfremde Kühlung, die aggressive Luft und die langen kondenswasserreichen Winter hinterlassen nicht nur in den Zylinderlaufbahnen tiefe Spuren. Schlechte Wartung und Ignoranz manch technisch unbegabter Eigner tun ein Übriges. Dann kommt irgendwann unweigerlich die Saison, in der die Maschine morgens nur noch schwer zum Leben zu erwecken ist und die Auspuffgase auch nicht mehr so aussehen wie im letzten Jahr.

Was macht man in solch einer Situation?

Neue Marinemotore sind ausgesprochen teuer. Ihre Anschaffung lohnt aus wirtschaftlichen Erwägungen in vielen Fällen nicht. Wenn die Kosten für die Maschinenanlage über dem aktuellen Zeitwert des Bootes liegen, ist die Anschaffung einer Neumaschine pure Liebhaberei. Also ist Selbermachen angesagt, und das heißt in der Sprache der Sportschiffer: Marinisieren.

Aber es gibt auch technische Aspekte, die unter Umständen für einen marinisierten Automotor sprechen. So sind PKW-Motore häufig wesentlich weiter entwickelt als Bootsmotore und laufen ruhiger und sparsamer. Ersatzteile sind leichter zu bekommen und werden auch nicht gleich in Gold aufgewogen, ein Bemühen, das im Bereich der Bootsmotore durchaus immer wieder zu beobachten ist. Ein großer Anwendungsbereich marinisierter Automotore ist schließlich im zunehmenden Selbstausbau von Rümpfen zu beobachten. Wer sein Schiff selber baut, wird auch vor der Herausforderung der Maschinenanlage nicht kapitulieren.

Schließlich rückt langsam, aber unaufhaltsam der Elektromotor ins Visier der Sportschiffer und hier insbesondere der Segler. Er eignet sich besonders gut zur Marinisierung kleinerer Boote. Darüber hinaus wird der Elektroantrieb durch die zunehmend verschärfte Umweltgesetzgebung begünstigt. Die betrifft zunächst zwar nur die Skipper auf Binnengewässern, aber man muss kein Prophet sein, um vorherzusagen, dass eines nicht zu fernen Tages die nicht gerade einfach zu erfüllende Bodenseezulassung auch auf der Nord- und Ostsee ein Thema werden wird. Die aktuelle Nationalparkgesetzgebung weist den Weg dorthin.

Marinisierung ist international und wird praktisch überall betrieben, in Deutschland allerdings weniger als etwa in England, dem „Mutterland" der europäischen Marinisierer. Man merkt dies unter anderem bei der Lektüre des Anbieterverzeichnisses am Ende dieses Buches: Von Getrieben einmal abgesehen kommt fast alles, was man für eine Marinisierung braucht, von der Insel. Der Sprung über den Ärmelkanal kann sich also für den Interessierten lohnen, zumal das Internet die Entfernungen verkürzt hat und Gewährleistungsansprüche im vereinigten Europa zumindest theoretisch überall gleich gut durchsetzbar sind. Lohnen kann auch der Blick nach Skandinavien und in die Niederlande, wo die Marinisierung ebenfalls eine lange Tradition hat.

II. MARINEMOTORE ODER MARINISIERUNG?

Dieses Buch soll dabei helfen, den richtigen Motor auszuwählen, zu diagnostizieren, zu kaufen, zu marinisieren und einzubauen. Dabei stellt sich zunächst die Frage, ob die Marinisierung im konkreten Fall überhaupt lohnt oder ob man mit einem Marinemotor nicht von vorne herein besser fährt.

1. Marinemotore

Vorab etwas zu den Begriffen: Unter einem Marinemotor wird hier ein Motor verstanden, der bereits vom Hersteller als Bootsmotor angeboten wird (z.B. Volvo, Volkswagen, Yanmar und viele andere mehr). Dabei spielt es keine Rolle, dass auch diesen Marinemotoren in aller Regel „normale" Maschinen eines Großserienherstellers für andere Zwecke (Baumaschinen, PKW, LKW etc.) zugrunde liegen, denn natürlich kann es sich kein Bootsmotorhersteller angesichts der geringen Stückzahlen leisten, komplette Eigenentwicklungen von A-Z durch-

Toyota 4.380 TDI

zuführen (BUKH-Diesel aus Dänemark leistet sich z.B. noch den Luxus aufwendiger Eigenentwicklungen). Dennoch erwartet man von diesen Marinemotoren, die aus einer Hand in der Regel von großen Anbietern international angeboten werden, dass sie perfekt an ihre neuen Einsatzbedingungen angepasst wurden. Demgegenüber versteht man unter marinisierten Motoren solche, die ursprünglich tatsächlich einem anderen Einsatzzweck dienten und erst später – mehr oder weniger umfangreich – dem Boot und seinen Verhältnissen angepasst wurden. Meist erfolgt dieser Umbau in Heimarbeit von Bootseignern.

Die Vorteile der Marinemotore liegen auf der Hand: Es sind Neuprodukte, die man mit allen Komponenten aus einer Hand kauft, deren Teile zueinander passen und für deren Anpassung an die individuellen Verhältnisse im Boot hinreichendes Zubehör geliefert werden kann. Hinzu kommt, dass Marinemotore von einer umfassenden Garantie begleitet werden und dass es in jedem größeren Hafen geschultes Personal gibt, das sich jedenfalls mit den gängigeren Modellen auskennt. Schließlich findet man in den breit gefächerten Paletten der Hersteller leicht einen Antrieb, der optimal zum eigenen Boot passt. Gerade

Lloyd Mariner LM 400 (Baujahr 1970) – ein seltener Methusalem unter den Marinemotoren für Segler

in der Leistungsklasse unter 30 kW, die üblicherweise von Seglern frequentiert wird, gibt es kaum selber marinisierbare Basismotore; hier ist man fast immer auf Fertigprodukte angewiesen.

Auch wer in einem ökologisch sensiblen Gewässer fährt und strenge Grenzwerte einhalten muss, kommt meist um einen Marinemotor mit entsprechender Zulassung nicht herum. Und: wer ein Schiff mit einer CE-Zertifizierung besitzt, würde diese verlieren, wenn er nachträglich einen marinisierten Diesel einbauen würde. Die CE-Sportboot-Richtlinie (Richtlinie 94/25/EG, Abl. L 164 vom 30.06.1994, Seite 15 ff.) gilt seit dem 16.07.1998, betrifft allerdings nur von Werften seriennmäßig hergestellte Neuboote, also keine Selbstbauten (die man aber mindestens 5 Jahre selber nutzen muss!) und ältere Boote. Zurzeit stellt sie daher in der Praxis kein Hindernis für die Marinisierung selbstgebauter oder älterer Boote dar. Dies wird sich jedoch ändern, wenn die nach Juli 1998 in Verkehr gebrachten Boote in das Alter kommen, in dem sie einen Tauschmotor benötigen. Auf der anderen Seite zieht der Verlust der CE-Zertifizierung zurzeit nach Ablauf der Garantiezeit keine Konsequenzen für den Bootsbetrieb nach sich, so dass man den mit dem Verlust der Zulassung einhergehenden Wertverlust den Mehrkosten eines CE-konformen Marinemotors gegenüberstellen kann. Allerdings muss man den Verlust der CE-Zertifizierung unbedingt mit der Bootsversicherung abklären.

Größter Nachteil des fertigen Marinemotors ist ohne Frage der Preis, der gelegentlich den Eindruck erweckt, als hätten die Hersteller einen Weg gefunden, aus Altmetall Gold zu machen. Und damit sind wir auch schon beim zweiten Nachteil: Marinemotoren haftet in aller Regel etwas ausgesprochen altmetallhaftes an. Sie basieren fast ausschließlich auf einer Motorengeneration jenseits von Gut und Böse, sie sind (nach automobilen Maßstäben) völlig veraltet. Nun muss das nicht unbedingt nur ein Nachteil sein, denn die früheren Generationen der Dieselmotore zeichneten sich durchweg durch konstruktive Einfachheit, Robustheit und hohes Drehmoment aus, während heute der Fokus eher auf Leistung, Verbrauch und Abgasverhalten gerichtet ist. Dennoch soll dies erwähnt werden, zumal sich lange zurückliegende Generationswechsel der Grundmotore auf die Verfügbarkeit, vor allem aber auf die Preise der Ersatzteile auswirkt (womit wir wieder beim Thema Gold wären...).

Es gibt natürlich auch Ausnahmen. So unternimmt Volkswagen Marine den Versuch, Hightech auch bei kleineren Marinemotoren einzuführen und verschärfte Vorschriften zum Umweltschutz (Stichwort: Bodenseezulassung) zwingen auch andere Hersteller dazu, ihre Palette zumindest teilweise zu überarbeiten. Müßig zu betonen, dass dies nicht gerade zu einer Reduzierung der ohnehin exorbitanten Preise von Marinemotoren führt. DMV-Diesel in Rastede bei Oldenburg (siehe *Anbieterverzeichnis* am Ende)

Marinisierter Mercedes OM 366

marinisiert als Pionier den modernen Dieselmotor aus dem SMART.

2. Marinisierte Motore

Der wesentliche Vorteil marinisierter Motore liegt in Ihrem Preis. Mit etwas Geschick und zwei rechten Händen kann man gegenüber einem Marinemotor durchaus die Hälfte der Anschaffungskosten sparen (natürlich nur, wenn man seine eigene Arbeitszeit wie die einer Hausfrau kalkuliert). Außerdem lässt der Finanzrahmen dann unter Umständen eine großzügigere Motorisierung zu, ein Umstand, der bei Halbgleitern oder Gleitern durchaus einen echten Fortschritt bringen kann. Schließlich kann man mit Hilfe eines „selbstgebauten" Motors manchmal leichter auf konstruktive Besonderheiten seines Bootes wie Taschenkühlung oder Warmwasserheizung etc. eingehen. Und, nicht zu vergessen: Wer eine Maschine eigenhändig marinisiert und in sein Schiff eingebaut hat, kennt seinen Antrieb wie kaum jemand sonst. Er wird sich im Problemfall wesentlich schneller helfen können. Dies ist ein ganz entscheidender Beitrag zur Sicherheit auf See.

Eine Sonderstellung nimmt auch hier der Elektroantrieb ein. Bei den heute angebotenen Komponenten verschwimmt die Grenze zwischen Selbstbau und fertigem Produkt, zumal der Aufwand für die Anpassung des E-Antriebs an das Boot bauartbedingt deutlich geringer ist als bei einem Verbrennungsmotor. Bei dem E-Antrieb steht zurzeit deshalb nicht so sehr die Frage im Vordergrund, ob man selber marinisiert, sondern ob diese Antriebsart für das eigene Boot und das Fahrtgebiet überhaupt in Frage kommt. Allerdings wird man davon ausgehen können, dass der E-Antrieb in Zukunft auch bei den Marinisierern eine immer größere Rolle spielen wird. Dies hat mit seinem geringen Preis, dem verhältnismäßig leichten Einbau, der hohen Betriebssicherheit und, natürlich, mit immer schärferen Umweltvorschriften zu tun.

III. WELCHER ANTRIEB FÜR WELCHES BOOT?

Die Entscheidung, welchen Motor man wo einsetzt, hängt neben den Anschaffungskosten und den eigenen handwerklichen Fähigkeiten von der Bauart des Bootes, seiner Größe und dem regelmäßigen Einsatzgebiet ab.

1. Motorboote

Beginnen wir mit den Motorbooten. Diese stellen naturgemäß strengere Anforderungen an ihren Antrieb als reine Segelboote. Große, schwere Motorsegler traditioneller Bauart und besegelte Kutter oder ähnliche Fahrzeuge werden zum Zwecke dieses Buches unter die Rubrik der Motorboote eingeordnet, da bei ihnen fast immer der Besegelung und nicht der Maschine Hilfscharakter zukommt.

1.1. Verdränger bis 4 to.

Vor zwanzig Jahren konnte man auf den Werften noch lernen, dass in der Sportschifffahrt 2 PS pro Tonne Verdrängung völlig ausreichten. Immerhin kam (und kommt) die Handelsschifffahrt mit 1 PS/to aus. Bei einer 10-Tonnen-Yacht wären das gerade mal 20 PS! Aber die Zeiten haben sich geändert, das gilt für Schiffe wie für Automobile. Heute gelten eher 7 kW pro Tonne als Regel denn als Ausnahme, so dass man bereits bei einem Gewicht von 4 to. vielfach 30 oder mehr kW installiert. Wer häufig den Rhein stromauf fährt oder in Tidengewässern gegen den Strom schiebt, für den mag dies durchaus Sinn machen, für die anderen nicht. Aber was soll man gegen den Zeitgeist ausrichten?

Nur unterhalb einer Verdrängung von 4 to. wird man heute also nach Maschinen suchen, die weniger als 30 kW leisten und diese Maschinengröße eignet sich nicht zur Marinisierung. Zum einen gibt es nur wenig geeignete Basismotore, eigentlich käme hier nur der schwergewichtige „Methusalem" Mercedes OM 636 in Frage, der immer schwerer aufzutreiben ist, zum anderen lohnt die Marinisierung in dieser Leistungsklasse kaum.

E-Motore sind für den Einsatz in Motorbooten wegen der mangelhaften Reichweite abgesehen von Sonderfällen (kleinere Binnengewässer, lokale Umweltschutzvorschriften, begrenztes Fahrtgebiet) keine sinnvolle Alternative.

Für kleine Verdränger gilt also: Am Besten ist regelmäßig der Kauf eines passenden kleinen Marinediesels.

1.2. Verdränger von 4 – 10 to.

Eine Klasse höher sieht das ganz anders aus. Hier befinden wir uns in der „Königsklasse" der Marinisierer. Die meisten Basismotore haben eine Leistung zwischen 30 kW und 100 kW und decken damit genau das Anforderungsprofil von Booten dieser Größe ab. Hier spricht im Grunde nichts gegen das Selbermachen, sofern man keine Schwierigkeiten mit der CE-Kennzeichnung bekommt, die auch die Motorisierung mit umfasst (*siehe oben, Kapitel I Ziff. 1*)

E-Motore kommen hier aufgrund ihrer mangelhaften Reichweite ebenfalls nur in Sonderfällen in Frage, so dass die Wahl klar ist: In dieser Klasse spricht alles für den marinisierten Dieselmotor.

1.3. Verdränger über 10 to.

Verdränger über 10 to. werden heutzutage regelmäßig mit 100 kW und mehr marinisiert (die Möglichkeit der Doppelmotorisierung besteht natürlich ebenfalls). Für Maschinen mit über 100 kW gibt es jedoch nur ausnahmsweise Komponenten für eine Marinisierung. Hier muss man sich das Material häufig selber zusammensuchen und anpassen, im schlimmsten Fall sogar anfertigen und das übersteigt die Fähigkeiten des durchschnittlichen Marinisierers erheblich. Das Angebot ist lückenhaft und beschränkt sich in Europa auf einige große Mercedes LKW-Diesel, solche von Ford bzw. Ford New Holland und GM.

Der E-Antrieb ist für Motorschiffe dieser Größenklasse naturgemäß ungeeignet. Neuerdings zu beobachtende Experimente mit Diesel-Elektrischen Antrieben z.B. durch die Firma Icemaster (siehe: *www.fischer-panda.de*) sind nichts für den Selbermacher; sie kosten deutlich mehr als Marinemotore der gleichen Leistungsklasse.

1.4. Gleiter

Nicht viel anders sieht die Situation bei Gleitern und Halbgleitern aus, nur dass hier natürlich die Motorisierung in Bezug auf das Gewicht wesentlich üppiger ausfällt. Innerhalb der oben genannten Leistungsgrenzen von 30-100 kW ist eine Marinisierung von Motoren problemlos möglich. Wer einen Z-Antrieb fährt, muss allerdings aufpassen, dass es für seine Lieblingskombination einen passenden Z-Antrieb bzw. einen Anschluss hierfür gibt, was nicht immer der Fall ist (*siehe: Kapitel III, Ziff. 3.2.9*).

Gleiter, insbesondere solche, die aus dem Land der unbegrenzten Möglichkeiten stammen, sind von Hause aus oftmals mit Benzin-Motoren ausgestattet. Bei diesen handelt es sich meist um Marinemotore (oft des Fabrikates Mercruiser), die ihrerseits direkt auf PKW-Motoren der Marken GM, Chrysler und (seltener) Ford beruhen, ihren Vätern in Sachen Benzinverbrauch in nichts nachstehen und technisch nicht nur zwei, sondern drei bis vier Generationen zurück sind (Wer kennt heute noch die guten alten Holley-Vergaser? Richtig, Fans der Corvette von 1972 und Bootsbesitzer von heute). Aber auch Volvo-Penta hat diese (Un-)Sitte lange Zeit mitgemacht. Wer einen solchen Antrieb sein Eigen nennt, dem bieten sich im Schadensfall einige Marinisierungsmöglichkeiten an, auf die später einzugehen ist. Doch mit Ausnahme der betagten Volvo B20 und B30-Reihe, für die man immer mal wieder billige Marinisierungsteile findet und einiger großvolumiger US Achtzylinder sowie einiger älterer Maschinen von Ford, Rover und Jaguar gibt es keine in vernünftigem Rahmen marinisierbare Benzinmotore, was nicht etwa daran liegt, dass nicht genügend Basismotore zur Verfügung stehen. Benzinmotore sind generell aus Gründen der Betriebssicherheit (Feuer, Feuchtigkeitsanfälligkeit der komplexen

Zündanlagen) und der unzureichenden Wirtschaftlichkeit für Boote weitestgehend ungeeignet und von Speed-Booten einmal abgesehen technisch immer zweite Wahl. Wer nicht gerade Motorbootrennen fährt, ist mit einem Diesel immer und überall wesentlich besser bedient. Und vielleicht marinisiert sich ein Benzinfahrer ja einen Diesel, um zukünftig billiger und vor allen Dingen sicherer über die Meere zu schippern. Er würde richtig handeln.

2. Segelboote

Grundsätzlich anders sieht die Beantwortung der Frage, welcher Antrieb sinnvoll ist und ob man ihn „selber" machen kann, bei Segelbooten aus. Segelboote sind bezogen auf ihr Gewicht schwächer motorisiert als Motorboote und die Maschinen brauchen meist auch nicht so lange zu laufen. Sie haben trotz zunehmender Technisierung immer noch den Charakter von Hilfsmaschinen, was dem Marinisierer reizvolle Möglichkeiten eröffnet.

2.1. Bis 7 to.

Das Gros der Segelboote bis etwa 11 Meter Länge und 7 to. Verdrängung benötigt eine Maschinenleistung unter 30 kW, für die es kaum vernünftig marinisierbare Dieselmotore gibt. Für den Einbau größerer Motore als aus rechnerischen Gründen erforderlich (was sowieso Unsinn wäre) fehlt meist der Platz. Wer segelt, will schnell vorankommen, da ist das Gewicht eines übergroßen marinisierten Diesels ohnehin nur hinderlich. Schließlich ist in dieser Klasse der Saildrive weit verbreitet, der sich jedoch mit selbst marinisierten Motoren nur schwer kombinieren lässt.

Nachdenken könnte man allenfalls über die Marinisierung eines zwar zu starken, aber besonders leichten Diesels. Hier käme in erster Linie der VW 068 (Golf, siehe: *Kapitel III Ziff. 2.1.2.6*) in Frage, der vom Gewicht manch kleinem Marinediesel Paroli bietet. Doch meist werden schon die beengten Platzverhältnisse an Bord Vierzylinder nicht zulassen.

Eine weitere Ausnahme machen die in der Nordsee beliebten Stahl- oder Alusegler, z.B. die Reinkes. Diese Schiffe benötigen schon aufgrund ihrer Masse größere Maschinen als ein Durchschnittssegler gleicher Größe und eignen sich auch wegen der großzügigen Platzverhältnisse vorzüglich für den Einbau marinisierter Diesel von 30-50 kW. Hier gilt das für Verdränger von 4-10 to. gesagte. Wer jedoch einen typischen sportlichen Segler aus Kunststoff bis zu einer Länge von etwa 10 Metern fährt, braucht nicht mehr als 10-20 kW und in diesem Bereich lohnt die Marinisierung eines Dieselmotors nicht.

Doch auch für ihn gibt es eine Alternative zum Marinediesel, und in vielen Fällen eine sehr gute dazu: Den E-Antrieb. Dessen Hauptmanko, die begrenzte Reichweite, stört den Segler am Allerwenigsten, denn er braucht die Maschine nur zur Überbrückung einer Flaute und im Hafen. Und selbst wenn er einmal längere Zeit den Motor nutzen muss, etwa auf einem Kanal, so ist dies kein unüberwindliches Problem, denn heutige E-Antriebe sind bei entsprechender Auslegung ohne weiteres in der Lage, 6-8 Stunden Fahrstrecke autark zu überbrücken.

Hinzu kommt, dass der E-Antrieb verhältnismäßig einfach und kostengünstig zu marinisieren ist, dass er sehr sicher und umweltfreundlich ist und auch bei den Betriebskosten am unteren Ende der Skala rangiert.

Ein Beispiel mag dies verdeutlichen: Ein 9 Meter langes Segelboot von 4 to. war bisher (ausreichend) mit einem 12 kW-Diesel motorisiert. Ein gleichwertiger fabrikneuer Marinediesel kostet (ohne Einbau) ab etwa 6.000 Euro, was man schon als Sonderangebot werten darf. Alternativ würde – aufgrund der wesentlich besseren Drehmomentkurve – ein E-Motor mit 8 kW ohne weiteres genügen. Mit 4 Batterien à 180 Amperestunden ausgerüstet wäre das Boot zukünftig in der Lage, bei halber Leistung etwa 8 Stunden unter Maschine zu laufen, bis die Batterien nachgeladen werden müssten. Das reicht für so gut wie alle Flauten, die man so in Küstennähe erlebt. Danach müsste das Boot freilich für 5-6 Stunden an die Steckdose, weshalb der E-Antrieb nichts für den Weltumsegler ist. Auch in Tidegewässern, wo man schon einmal 6-7 Stunden gegenan motoren muss, taugt der E-Antrieb weniger.

Das Hauptargument für den E-Antrieb ist aber sein Preis: er liegt bei etwa 50% eines Marinediesels. Also: Wer gerne segelt und wo das Revier es zulässt, sollte statt eines Diesels in Richtung E-Antrieb schauen. Mehr dazu später (*Kapitel V*).

2.2. Über 7 to.

In der „schweren" Klasse der Segler gilt das bei Motorbooten gesagte: Hier kann ein Diesel hervorragend marinisiert werden, wenn die erforderliche Leistung im Bereich von etwa 30-100 kW liegt. Da Segelboote aus nahe liegenden Gründen meist nicht so leichtherzig übermotorisiert werden wie Motorboote, reicht dies auch schon für ganz schwere Brocken aus.

Wir fassen zusammen: Bootseigner, die weniger als 30 kW Leistung benötigen, scheiden als „Marinisierer" von Verbrennungsmotoren aus; Motorbootfahrer und Segler, die Diesel-Maschinenanlagen von 30-100 kW benötigen, sollten eine Marinisierung ins Auge fassen; Segler, die bisher mit 10-25 kW Maschinenleistung auskamen, sollten hingegen erwägen, einen E-Antrieb zu installieren, wenn ihr Fahrgebiet dies zulässt.

IV. MARINISIERUNG VON DIESELMOTOREN

1. Allgemeines

Beginnen wir unsere Betrachtung mit dem Dieselantrieb, er ist nicht umsonst der Klassiker für die Zwecke der Marinisierung.

Im Unterschied zum Benzin (Otto-) Motor verdichtet der Diesel den eingespritzten Treibstoff so hoch, dass sich dieser selbst entzündet, was feuchtigkeitsempfindliche Zündanlagen überflüssig macht. Außerdem ist er drehmomentstark und Dieseltreibstoff ist längst nicht so entzündlich wie Benzin, insbesondere bildet er nicht so leicht ein explosives Luft-Gas-Gemisch wie sein hochoktaniges Pendant. Damit wären die wesentlichen Vorteile des Diesels schon genannt, denen höheres Gewicht, die aufwendigere Herstellung, die geringere Spitzenleistung und der unrundere Lauf letztlich nichts anhaben können.

In früheren Zeiten wurden ausschließlich Vorkammer-Einspritzanlagen verwendet, in denen das zündfähige Diesel/Luft-Gemisch nicht im Brennraum, sondern eben in einer separaten Vorkammer erzeugt wurde. Vorteil dieser Motoren ist ihr weicherer Lauf und die geringere Lärmentwicklung, nachteilig gegenüber Direkteinspritzern ist ihr höherer Verbrauch und die Notwendigkeit, den Zylinderkopf im kalten Zustand grundsätzlich intensiv vorzuglühen. Der Vorkammerdiesel ist eigentlich eine Notlösung, weil man mit den früheren mechanischen Einspritzpumpen nicht in der Lage war, Einspritzzeit und Druck der hoch verdichteten Maschinen präzise genug zu regeln, um den Treibstoff direkt in den Brennraum einzuspritzen. Heute ist dies anders, nichtsdestotrotz handelt es sich bei vielen der hier vorgestellten Motoren immer noch um Vorkammerdiesel.

Der Direkteinspritzer hat den Vorkammer-Diesel im PKW-Sektor mittlerweile fast völlig und im LKW-Sektor teilweise verdrängt. Es ist heute mit elektronischen Einspritzanlagen ohne weiteres möglich, Druck und Einspritzzeit auch bei hoch verdichtenden Kleindieseln so präzise zu dosieren, dass eine Vorkammer überflüssig ist. Die Vorteile des Direkteinspritzers liegen auf der Hand: Der Motor läuft sparsamer (bis zu 10%) und braucht nur bei sehr niedrigen Temperaturen vorgeglüht zu werden. Dem stehen ein (noch) rauerer Motorlauf und (meistens) eine anfälligere Elektronik gegenüber.

Der schnell laufende Dieselmotor hat seinen Siegeszug im Pkw bereits hinter sich, was uns Bootsleuten, die technisch bekanntlich ein bis zwei Jahrzehnte hinterherhinken, sehr zugute kommt. Nie war die Auswahl an PKW-Dieseln so groß wie heute. Aber Vorsicht: Die Entwicklung im PKW-Bereich der letzten Jahre läuft gegen uns. Die Motore werden immer komplexer, elektronische Einspritzsysteme, Turboaufladung, Ladeluftkühlung, Abgasrückführungssysteme, Russfilter und Katalysatoren können zur Konsequenz haben, dass ein von den Leistungsdaten gut passender Motor nicht mehr mit vertretbarem technischen und finanziellen Aufwand zu marinisieren ist. Deshalb ist auch heute noch das Gros der marinisierungsfähigen Diesel älteren Jahrgangs. Neue Typen werden von den Komponentenherstellern nur sehr zögerlich angegangen, was angesichts der zunehmenden Komplexität und den geringen abzusetzenden Stückzahlen nachvollziehbar ist.

Hinzu kommt, dass sich auch auf dem Wasser die Zeiten ändern: Abgasvorschriften gibt es nicht nur auf dem Bodensee und es ist nur eine Frage der Zeit, wann schärfere Vorschriften (und Kontrollen) kommen. Was das für die Marinisierung bedeutet, ist noch unklar. Schlimmstenfalls wird sie für Dieselmotore faktisch unmöglich werden, wenn irgendwann einmal für jede Antriebseinheit im Boot Abgasgutachten ähnlich wie im PKW gefordert werden, die der Einzelne nicht bezahlen kann. Auch die finanziellen Kapazitäten mancher Anbieter von Marinisierungsteilen werden damit vermutlich überfordert sein, so dass die Zukunft der Marinisierung in einer immer regelungswütigeren EU zweifelhaft ist. Damit einher geht schließlich die fortschreitende Verbreitung von Booten mit CE-Kennzeichnung, die bekanntlich den Motor mit umfasst (siehe: *Kapitel I, Ziff. 1*) und damit dessen Änderung erschwert.

Zurück zur Gegenwart und zum Diesel: Er ist für den Bootsbetrieb grundsätzlich gut geeignet und innerhalb der Gruppe der Verbrennungsmotore ohne echte Alternative. Was für einen Basismotor man im Einzelfall wählt, spielt im Grunde keine große Rolle, sofern die Leistungsdaten, das Gewicht und die Einbaumaße stimmen. Entscheidend ist letztlich, dass man für den Motor alle erforderlichen Marinisierungsteile bekommt. Ist das nicht der Fall, kommt der Motor für eine hobbymäßige Marinisierung nicht in Frage.

1.1. Drehzahl/Drehmoment

Moderne Motore werden immer kleiner und leichter. Das hat zur Folge, dass sie ihre Nennleistung bei immer höheren Drehzahlen erreichen. Auf den Motor alleine bezogen ist das kein Problem, die Hersteller haben die konstruktiv bedingten Nachteile wie Lärmentwicklung, Vibrationen und Lebensdauer längst in den Griff bekommen. Es spricht also im Grunde nichts gegen die Verwendung eines kleinen, hochtourigen Motors, allerdings muss man bei der Getriebewahl auf die maximale Getriebeeingangsdrehzahl achten. Diese wird bei der Kombination älterer Schiffsgetriebe mit modernen Motoren leicht überschritten (siehe: *Kapitel III Ziff. 3.2.7*). Außerdem benötigt manch kleiner schwingungsintensiver Diesel besondere Dämpferplatten mit Gewichten (siehe: *Kapitel III Ziff. 3.2.7.5*).

Wichtiger als die Nennleistung des Motors sind im Schiffsbetrieb das Drehmoment und der Drehmomentverlauf. Je flacher die Drehmomentkurve verläuft, umso besser ist dies, da die Maschine dann über einen weiten Bereich im wirtschaftlich vorteilhaften Teillastbetrieb gefahren werden kann.

1.2. Aufladung

Viele moderne Dieselmotoren werden von Turboladern in der Leistung gesteigert. Dies ist eine kleine Luft-Turbine, die durch den Abgasstrom angetrieben wird und zusätzliche Frischluft zur besseren Verbrennung in die Brennräume pumpt. Mit dem Lader einher geht in aller Regel die Ladeluftkühlung, die der ungewollten

Aufheizung der komprimierten Luft entgegenwirkt. Die hohen Drehzahlen im Lader selber und die damit verbundenen thermischen Probleme machen schließlich regelmäßig eine Wasserkühlung des Laders erforderlich.

Diese kurze Darstellung zeigt bereits, dass das an sich so simple Prinzip der Aufladung eine Reihe von zusätzlichen Komponenten nach sich zieht, deren Ausfallrisiko die Zuverlässigkeit unserer Maschine herabsetzt. Hinzu kommt, dass die Lager des Laders, die begreiflicherweise viel auszuhalten haben, in den Motorölkreislauf einbezogen sind. Sie reagieren besonders empfindlich auf atypische Öltemperaturen, wie sie z.B. bei Segelbooten häufiger auftreten, wenn die Maschine nur kurz läuft, um aus dem Hafen zu kommen. Besser ist in diesen Fällen die Wahl eines Motors ohne Aufladung. Auch echte Marinemotoren werden meist erst ab einer Größenordnung von 50 kW aufwärts mit Ladern versehen; diese Maschinen werden aber ohnehin fast nur in Motorboote oder schwere Segler verbaut, wo das geschilderte Problem des erhöhten Verschleißes durch kurze Betriebszeiten seltener auftritt.

1.3. Elektronisches Motormanagement

Es wurde bereits darauf hingewiesen, dass Dieselmotore auch deshalb so zuverlässig sind, weil sie keine störanfällige Zündanlage benötigen. Zündspule, Verteiler, Kabel und Zündkerzen sind dem Diesel fremd. Wenn er einmal läuft, dann läuft er. Der gute alte Perkins aus der Einleitung lief sogar gänzlich ohne Strom – stand die Batterie wieder einmal unter Wasser, griff man zur Kurbel und warf das Alteisen eben per Hand an.

So war es einmal, aber so ist es nicht mehr. Moderne Diesel verfügen über ebensoviel Elektronik wie ihre mit Benzin betriebenen Kollegen. Anders ließen sich Abgasgrenzwerte im PKW-Bereich gar nicht mehr einhalten, außerdem sorgt die Elektronik für bessere Leistungsausbeute bei geringem Verbrauch. Schließlich ließen sich anders so komplexe Abläufe wie die Hochdruck-Direkteinspritzung mit Einspritzdrücken von über 1.000 bar nicht mehr präzise steuern, die gute alte mechanische Stempel-Pumpe von Bosch aus den Sechzigern wäre damit heillos überfordert.

Im Auto funktioniert das alles prima, im Schiff weniger. Gut, eine Fairline 40 mit zwei massigen Turbodieseln von der Größe zweier Hundehütten (Schäferhunde!) hat heutzutage mehr Elektronik an Bord als so mancher auf dem Schreibtisch und funktioniert trotzdem ganz wunderbar, aber das ist nicht unsere Liga. Wer schon einmal die Erfahrung gemacht hat, wie sehr der Kupferwurm an Bord nerven kann, freut sich über jeden Quadratmillimeter Litze, die er nicht an Bord hat.

Und tatsächlich, auch solche Maschinen gibt es noch. Allen voran der BUKH DV 24 und seine Brüder. Eigentlich weniger für Sportboote gemacht, sondern in erster Linie für Rettungsboote mit „SOLAS"-Zulassung, handelt es sich hier um einen modernen Direkteinspritzer, der aber ohne jeden Strom läuft und bequem angekurbelt werden kann. Besser geht es nicht, aber auch kaum teurer. Dieses erstklassige Schwermetall hat seinen Preis. Aber: Wenn der einmal läuft, kann ihn nur noch Spritmangel stoppen.

Nun hat man aber heute auch mit einfachen Dieseln immer schon eine Menge Elektrik für die Peripherie an Bord. Lichtmaschine, Anlasser, Vorglühanlage, Batterien (eine tut es ja schon lange nicht mehr), Motorüberwachung, Navigation, Beleuchtung – um nur das nötigste zu nennen, meist noch ergänzt durch allerlei Zutaten wie Heizung, Kühlschrank und Kaffeemaschine. So gesehen könnte man sich zurücklehnen und argumentieren, was macht da noch eine elektronische Einspritzanlage aus.

Aber hier geht es nicht nur um Komfort, sondern um Sicherheit. Wer sich einmal auf besagter Fairline genauer umgesehen hat (und nicht nur die Cocktailbar inspiziert hat), weiß, welchen Aufwand die Hersteller von Marinemotoren betreiben, um Steuergeräte und die vielen anderen elektrischen und elektronischen Komponenten ihrer Anlagen vor Spritzwasser und eindringender Feuchtigkeit zu schützen. Der gemeine Marinisierer steht hier vor einer unlösbaren Aufgabe. Feuchtigkeitsempfindliche Komponenten geben nicht bei 30 Grad im Schatten am Steg ihren Geist auf, sondern bei Windstärke 6 auf der Außenelbe mit Tide und Wind entgegen. Da kann man dann nur noch auf einen guten Kettenvorlauf hoffen.

Die Tendenz zur Elektronik wird sich langfristig wohl als ein weiterer Totengräber der Hobby-Marinisierung von Dieselmotoren erweisen. Das Ende der mechanischen Einspritzpumpe im Auto-Diesel zeichnet sich jedenfalls ab. Für den Bootsbetrieb eignet sie sich freilich besser, so dass man versuchen sollte, einen hiermit ausgestatteten Motor zu finden.

1.4. Nockenwelle/Ventiltrieb

Ob der Diesel über eine oben- oder unten liegende Nockenwelle verfügt, spielt im Grunde für den Schiffsbetrieb keine Rolle. Hohe Drehzahlen, die eine oben liegende Nockenwelle erst ermöglicht, sind an Bord nicht gefragt, eher hohes Drehmoment, und das können beide Konstruktionen liefern.

Von Bedeutung ist ein anderer Gesichtspunkt: Der Nockenwellenantrieb. Liegt die Nockenwelle unten, also in der Nähe der Kurbelwelle, wird sie in aller Regel über ein Stirnradgetriebe angetrieben. Diese Konstruktion ist unproblematisch und wird mit den besonderen Belastungen im Bootsbetrieb ohne weiteres fertig.

Bei einer oben liegenden Nockenwelle ist diese in den Zylinderkopf integriert und muss von der weit unten liegenden Kurbelwelle angetrieben werden. Mit Stirnrädern ist diese Distanz nicht mehr zu schaffen, hier müssen Kette oder Antriebsriemen herhalten. Erfolgt der Nockenwellenantrieb hier über eine Steuerkette, so ist das für den Bootsbetrieb der beste Kompromiss. Steuerketten sind langlebig, verschleiß- und wartungsarm und zuverlässig.

Anders sieht dies aus, wenn die Nockenwelle über einen Zahnriemen angetrieben wird. Diese moderne Konstruktion hat im Bootsbetrieb zwei Tücken: Erstens unterliegt der Zahnriemen Verschleiß und muss in regelmäßigen Abständen ausgewechselt werden. Diese Intervalle müssen unbedingt eingehalten werden, da ein verschlissener Zahnriemen reißen oder überspringen kann. Die Konsequenz ist in beiden Fällen fast immer der sofortige Exitus der Maschine. Kolben und Ventile schließen kurze, aber innige Bekanntschaft. Der Zahnriemenwechsel ist freilich Profiarbeit, also teuer. Hinzu kommt, dass die oftmals sehr beengten Einbauverhältnisse an Bord diese Arbeit so erschweren, dass man sie ganz lässt.

Zweitens können Zahnriemen reißen, wenn die Maschine plötzlich aus dem Leerlauf auf hohe Drehzahl gebracht wird. Dies kommt insbesondere bei Hafenmanövern immer wieder vor und ist als typische Belastung etwa im PKW-Betrieb weitgehend unbekannt. Hierbei wird der Zahnriemen freilich schlagartig auf das höchste belastet. Es empfiehlt sich daher, auf Basismotore zurückzugreifen, deren Nockenwellen durch Stirnradgetriebe oder Steuerketten angetrieben werden.

2. Motorwahl

Nun haben wir alles korrekt abgewogen und entschieden, dass für unser Boot ein selbst marinisierter Dieselmotor der richtige ist. Nur: Welcher? Der dämliche Bürokollege hat letzte Woche seinen Hyundai zu Schrott gefahren, der Dieselmotor hat aber nichts abbekommen und wäre billig zu haben. Zuschlagen?

Besser nicht; weder beim Kollegen noch beim Motor. Zunächst gilt, dass nur solche Motore marinisierbar sind, für die alle notwendigen Marinisierungsteile lieferbar sind. Ist dies nicht der Fall, bleibt der Motor bei unserer Betrachtung außen vor. So baut die Firma Hyundai mit Sicherheit gute Dieselmotore, allerdings ist für diese in Europa zurzeit kein Marinisierungssatz bekannt. Also lassen sich diese Maschinen auch nicht für unsere Zwecke nutzen.

In diesem Zusammenhang kann nicht eindringlich genug davor gewarnt werden, blind irgendwelche tollen „Bootsmotore" zu kaufen. Es hat sich – nicht nur bei EBAY und Co. – die Unsitte festgesetzt, alte unverkäufliche Automotore mit dem Etikett des „Bootsmotors" zu versehen und damit nachträglich Schrott zu vergolden. Hände weg! Es ist, wie sich noch zeigen wird, schwer genug, einen der gängigen Diesel zu marinisieren, da muss man sich nicht auch noch irgendwelche exotischen Mühlsteine um den Hals hängen.

2.1. Marinisierungsfähige Dieselmotore

Für alle in der folgenden Tabelle aufgelisteten Dieselmotore gibt es Marinisierungsteile. Hierbei sind die Motore schwarz hinterlegt, die in Deutschland häufiger marinisiert werden. Die anderen spielen in der hiesigen Praxis kaum eine Rolle. Anschließend schauen wir uns die „Marinisierungsklassiker" näher an, und zwar aufgeteilt in Leistungsklassen.

BMC (GB)	
BMC 1,5 & 1,8 L	BMC Van
BMC 2,2 & 2,5 L	Austin Taxi, Van
BMC 3,4 & 3,8 L	BMC LKW
GENERAL MOTORS (USA)	
Chevrolet V8 6,2 D	Chevrolet Blazer, Oldsmobile etc.
CITROEN (F)	
Citroen	siehe Peugeot
CUMMINS (USA)	
Cummins Serie 4	div. Industrie
Cummins Serie 6	div. Industrie

FORD (D und GB)

Ford 2701	Ford Cargo
Ford 2703	Ford LKW, Landmaschinen
Ford 2722	Ford Cargo
Ford 2725	Ford LKW, Landmaschinen
Ford FSD 2500	Ford Transit (neu)
Ford New Holland 444/450	Landmaschinen
Ford New Holland 666/675	Landmaschinen
Ford Trader 4	Ford LKW, Landmaschinen
Ford Trader 6	Ford LKW, Landmaschinen
Ford XLD 1600/1800	Ford Escort, Fiesta, Orion
Ford York	Ford Transit (1. Serie)

VAUXHALL/BEDFORD (GB)

GM 220	Bedford LKW
GM 330	Bedford LKW
GM 466	Bedford LKW
GM 500	Bedford LKW

KUBOTA (J)

Kubota 1402	Baumaschinen
Kubota 1102	Baumaschinen

LAND ROVER (GB)

Land Rover 21/4 & 21/2	Land Rover Defender alt

Mercedes (D)

Mercedes OM 314	508/608 D etc.
Mercedes OM 352	div., z.B. 813, 817 alt
Mercedes OM 364/366	div, z.B. 914, 1120, 817 neu
Mercedes OM 601, 602	190D, 208D/209 D
Mercedes OM 615, 617, 621	200D - 300D, 190D (W110)
Mercedes OM 636	180D, Stapler etc.

MITSUBISHI (J)

Mitsubishi 4DR	div. Mitsubishi
Mitsubishi K3	div. Mitsubishi
Mitsubishi K4	div. Mitsubishi
Mitsubishi L2	div. Mitsubishi

Mitsubishi L3	div. Mitsubishi
Mitsubishi S3	div. Mitsubishi
Mitsubishi S4	div. Mitsubishi
PERKINS (GB)	
Perkins 3-152	div. (Zulieferer)
Perkins 4-203	div. (Zulieferer)
Perkins 4-236	div. (Zulieferer)
Perkins 6-354	div. (Zulieferer)
Perkins Phaser	div. (Zulieferer)
PEUGEOT (F)	
Peugeot XD	Peugeot J7, 505 etc.
Peugeot XPD	Transporter
Peugeot XUD	PKW und Transporter
VOLKSWAGEN (D)	
VW 028	Audi, Passat
VW 068	Golf, Passat
VW 075	LT, Volvo 240/760/940
VM (I)	
112, 115	div., z. B. Alfa Romeo, Land Rover

2.1.1. Bis 35 kW

2.1.1.1. Mercedes OM 636

Hier gibt es vor allem den uralten, aber bei Marinisierern zu Recht sehr geschätzten Mercedes OM 636 mit etwa 30-32 kW (je nach Ausführung).

Es handelt sich um eine Nachkriegskonstruktion, die zu einer Zeit entstand, als Deutschland noch in Schutt und Asche lag, und genau so riecht es, wenn man hinter einem Boot herfährt, das mit einem OM 636 motorisiert ist. Die Maschine wurde ursprünglich für den Mercedes 170/180 D entwickelt, eroberte sich aber viele weitere Anwendungsbereiche in der Industrie und wurde hierzulande bis 1975 gebaut, obwohl sie im PKW-Bereich bereits in den sechziger Jahren zum alten Eisen geworfen wurde. Der für den Schiffsbetrieb sehr gut geeignete Motor wurde immer schon – auch während seiner Produktion – marinisiert, zum Teil auch sehr aufwendig unter Verwendung spezieller Kurbelwellen für mehr Drehmoment (z.B. Hein-Diesel), aber das alles täuscht nicht darüber hinweg, dass der letzte Neumotor dieses Typs in Deutschland vor dreißig Jahren vom Band lief. Dreißig Jahre sind eine lange Zeit, so dass man heute kaum noch einen guten Basismotor findet. Spätestens beim dritten Kolbenübermaß ist auch für die gewieftesten Überholungskünstler Schluss und die meisten Baumaschinen und Gabelstapler wurden schon vor Jahren geplündert. Zwar wurde der Motor bis vor einigen Jahren noch in Spanien und einigen anderen Exportmärkten hergestellt, diese Exemplare haben jedoch nur ganz vereinzelt den Weg nach Deutschland gefunden. Ihre Qualität wird häufig auch als minderwertig eingestuft.

Wer gleichwohl einen guten Basismotor findet, hat eine Maschine, die ruhig und leise läuft, simpel aufgebaut und sehr zuverlässig ist. Ersatzteilsorgen plagen den Besitzer des Vierzylinders mit 1,8 Liter Hubraum trotz des Alters der Maschine nicht, Mercedes-Benz hatte immer schon ein Herz für Oldtimer und sorgt für sichere und rasche Versorgung. Marinisierungssätze gibt es von verschiedenen Anbietern, Getriebeadapter auch (siehe *Anbieterverzeichnis* im Anhang). DMV-Diesel in Rastede (siehe *Anbieterverzeichnis* im Anhang) sorgt für eine umfassende Ersatzteilversorgung auch in Bezug auf Marine-Komponenten. Die Preise für Ersatzteile steigen allerdings unaufhaltsam im umgekehrten Verhältnis zum langsamen Aussterben dieses früheren „Massenmotors".

Der OM 636 ist ein Vorkammerdiesel und wird vorgeglüht, ohne Strom läuft also nichts, und über einen separaten Schalter elektromagnetisch oder aber per Seilzug abgeschaltet. Er kann mit einer Schnellglühanlage nachgerüstet werden. Der OM 636 ist schwer, er wiegt nass (ohne Getriebe) je nach Version etwa 195-210 Kilogramm und ist damit für reine Segelboote weniger geeignet.

2.1.1.2. Andere

Die Marinemotore dieser Leistungsklasse basieren durchweg auf Baumaschinenantrieben. Wer nun auf den eigentlich nahe liegenden Gedanken kommt, den nächsten Baumarkt zu plündern und einen Betonmischer auseinander zu nehmen, dem sei zur Vorsicht geraten. Es gibt für diese Minimotore praktisch keine Marinisierungsteile. Vermutlich lohnt der Entwicklungsaufwand bei diesen kleinen Aggregaten nicht. Interessant wird hingegen sein, ob es in Zukunft gelingt, den SMART-Diesel zu marinisieren. Dieser ist wegen seines Leistungsgewichtes und

SMART-Motor mit Saildrive von DMV-Diesel

seiner großen Laufruhe für Segelboote prinzipiell gut geeignet. Erste erfolgreiche Versuche, ihn in einen Marinemotor zu verwandeln, gibt es bereits.

2.1.2. Über 35 kW

2.1.2.1. Mercedes OM 615 – 621

Bleiben wir zunächst bei Mercedes: Der OM 636 wurde Mitte der Sechziger zunächst im 190D (W110) durch den OM 621 (4 Zylinder, 48-50 PS) und später durch die etwas modifizierte Reihe OM 615 (4 Zylinder) und OM 617 (Fünfzylinder) abgelöst, die ihren Höhepunkt in den so genannten Strich-Acht-Modellen von 1968 bis 1975 hatte, aber noch bis in die späten Achtziger hinein weiter gebaut wurde. Die Leistungspalette der Vierzylinder reichte von 55 bis 72 PS (200 D - 240 D), der Fünfzylinder zunächst bis 80 PS, spätere Derivate dieser Maschine mit Turbolader erreichten gar 125 PS. In Nutzfahrzeugen leisteten diese Maschinen ohne Aufladung knapp 100 PS. Abweichend vom OM 636 verfügten diese Maschinen mit jeweils knapp 2.000, 2.200, 2.400 oder 3.000 ccm über kettengetriebene oben liegende Nockenwellen und waren deutlich drehfreudiger (ein aus heutiger Sicht freilich relativer Begriff). Alle Motoren dieser Serie sind zuverlässig, einfach aufgebaut und sie stellen auch den technischen Laien nicht vor unüberwindliche Hindernisse. Außerdem kennt sich (noch) fast jeder Landmaschinenmechaniker im In- und Ausland mit diesen „Bauerndieseln" aus. Die Ersatzteilversorgung ist vorbildlich und zumindest die Vierzylinder sind in jeder Form und in jedem Zustand von gebraucht bis generalüberholt flächendeckend zu haben. Marinisierungssätze und Getriebeadapter gibt es in Hülle und Fülle. Die ideale Maschine also für die Marinisierung?

Das kommt darauf an. Der OM 615/617 ist schwer, sehr schwer sogar. Er wiegt nass (ohne Getriebe und Anbauteile) von 220 bis 265 Kilogramm. Wer auf das Leistungsgewicht seines Bootes achtet, kann also Probleme bekommen. Im Verhältnis zu ihrer Leistung sind diese Motoren sogar ganz außerordentlich schwer – eben noch die guten alten Diesel, die aus dem Vollen geschnitzt waren und für den Nimbus der Unzerstörbarkeit des Dieselmotors sorgten. Außerdem bauen diese Maschinen ausgesprochen hoch – vor dem Kauf also den Maschinenraum gut vermessen!

Die Motoren müssen vorgeglüht werden und man stellt sie mit einem Stopp-Hebel an der Einspritzpumpe ab (jedenfalls die frühen Modelle, später kam ein pneumatisches System, das aber eine Fehlkonstruktion war und leicht durch einen Seilzug oder einen Magnetschalter von BOSCH ersetzt werden kann). Die ganz späten Modelle wurden über das Zündschloss abgeschaltet. Diese Baureihe wurde (mit dem OM 621) 1965 eingeführt und bis Mitte der Achtziger in unzähligen Varianten und Ausführungen für alle möglichen Zwecke hergestellt. Es ist klar, dass die Detailvielfalt einer über zwanzigjährigen Produktion unüberschaubar ist. Im Zweifel Fotos der konkreten Maschine zum Anbieter der Marinisierungsteile mitnehmen!

2.1.2.2. Mercedes OM 601, 602

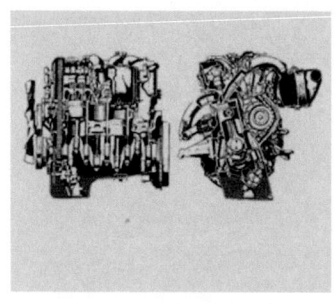

Die Typen OM 615/617 wurden 1983 durch die moderneren Typen OM 601 (4 Zylinder, 1,9 Liter, 72-75 PS) und OM 602 (5 Zylinder, 2,5 Liter, 90-126 PS) abgelöst. Sie stammen aus den Typen 190D (W 201) bzw. dem Lieferwagenprogramm von Mercedes und wurden in einigen Varianten im Inland immerhin bis 1993 gebaut. Die Motore eignen sich gut zur Marinisierung, sie sind gut 40 Kilogramm leichter als die jeweiligen OM 615/617, sie werden generell über den Zündschlüssel gestartet und gestoppt, ansonsten gilt das für die OM 615-Reihe gesagte. Ihre Verfügbarkeit ist gut, Marinisierungsteile gibt es, wenn auch nicht so reichlich wie für die 615-er Reihe.

2.1.2.3. Mercedes OM 314

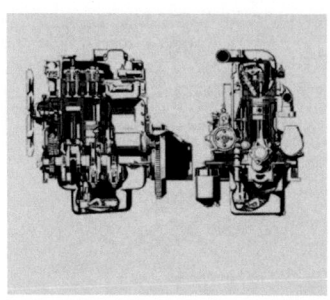

Kommen wir zu den LKW-Motoren. Diese sind bereits aufgrund ihres hohen Gewichtes nur etwas für Motorboote oder ganz schwere Segler wie etwa Kutter. Der OM 314 wurde 1965 konstruiert, hat 3,78 L Hubraum und etwa 80 PS Leistung (Es gab auch Versionen mit 54 und 66 PS für Industriemaschinen). Der Vierzylinder ist ein Saugdiesel und wiegt mindestens 315 Kilogramm nass.

Der Direkteinspritzer wurde vor allem in der Transporterreihe 508/608 verbaut und gilt als unverwüstlich. Sein niedriges Drehzahlniveau prädestiniert ihn für den Bootseinsatz (das höchste Drehmoment von 23 Nm der 80-PS-Version liegt bereits bei 1.600 U/min an, die Höchstleistung wird bei moderaten 2.800 U/min erreicht).

2.1.2.4. Mercedes OM 352

Der OM 352 ist die Ausbaustufe des OM 314 zum Sechszylinder. Er hat 5,7 L Hubraum und leistete in der Straßenversion 130–170 PS (letztere mit Lader). Der OM 352 wiegt fast 600 Kilogramm, wurde bis 1996 gebaut und entspricht ansonsten dem OM 314. Sein direkter Urahn ist der Vorkammerdiesel OM 321, der aber heute aufgrund seines biblischen Alters keine Rolle mehr spielt.

2.1.2.5. Mercedes OM 364/366

Der OM 364 ist eine Weiterentwicklung des OM 314, verfügt über 4 Zylinder, knapp 4 L Hubraum und 70-90 PS bei 2.800 U/min. Er hat ein maximales Drehmoment von 266 Nm bei 1.400 U/min. Bei dem OM 366 handelt es sich um die entsprechende Sechszylinder-Version, die über 5,9 L Hubraum und 136-201 PS bei 2.800 (Sauger) bis 2.600 (Turbo) U/min verfügt. Das maximale

Drehmoment ist gewaltig: 420–640 Nm bei 1.400 U/min. Schon von Charakter her ein echter Schiffsdiesel!

2.1.2.6. VW 068

Volkswagen baut seit 1977 leichte Dieselmotore, die sich mittlerweile neben den eben erwähnten Mercedes-Dieseln zu den bevorzugten Motoren der deutschen (und skandinavischen) Marinisierer entwickelt haben.

Volkswagen hat den Marinemarkt kürzlich für sich entdeckt und versucht, diesen mit viel Hightech und Elektronik zu erobern. Hierbei bedient sich Volkswagen naturgemäß der neuesten Produkte seines Hauses, also der jüngsten Generation von Dieseln und Turbodieseln. Deren Verwendung verbietet sich dem hobbymäßigen Marinisierer schon wegen der hier massiv verbauten Elektronik, auch wenn sich die Leistungsdaten der Motore verführerisch anhören und sie etwa aus Unfallwagen leicht zu bekommen sind. Nicht umsonst verlangt Volkswagen Marine für den kleinsten Vierzylinder-Turbodiesel mit 74 kW (TDI 100-5) mal eben runde 15.000 Euro – das hat nicht nur etwas mit dem automatischen Vergoldungseffekt und den geringen Stückzahlen im Wassersport zu tun, sondern verdeutlicht den Aufwand der notwendigen Anpassungsarbeiten.

Wir müssen uns mit der ersten und zweiten „Generation Golf" zufrieden geben. Diese 4-Zylinder-Motore des Typs VW 068 verfügen über einen Hubraum von knapp 1.500 oder 1.600 ccm und 50 – 54 PS bzw., mit Turbolader, 70 PS. Sie wurden von 1977 bis 1992 für Passat, Golf,

Transporter und deren Derivate gebaut, sind also in großer Zahl verfügbar. Die Motore sind leicht (120-140 Kilogramm) und laufruhig. Ihre Lebensdauer ist nicht mit der von älteren Mercedes-Dieseln zu vergleichen, insbesondere der Umstand, dass die (oben liegende) Nockenwelle von einem Zahnriemen anstelle einer Steuerkette angetrieben wird, führt gelegentlich zum vorzeitigen Exitus. Die Turbomotore sind ebenfalls weniger standfest als die Sauger und damit weniger empfehlenswert. Die Hände sollte man im Zweifel ganz von Motoren aus Transportern lassen; die sind wegen der krassen Untermotorisierung der schweren Fahrzeuge vielfach schon nach kurzer Zeit regelrecht ausgelutscht.

Eine weitere Besonderheit dieser Maschine ist der Umstand, dass sie im Auto um 23 Grad geneigt eingebaut ist. Dies muss bei der Marinisierung tunlichst ebenso gemacht werden, da es ansonsten Probleme mit der Ölwanne und der Zylinderkopfentlüftung gibt. Auf der anderen Seite führt dies zu einer niedrigen Bauhöhe, die gerade in Segelbooten von Vorteil sein kann. Wenn das Spenderorgan aus einem Golf stammt, muss weiter beachtet werden, dass dort der Anlasser nicht neben dem Motorblock, sondern längs zum Getriebe installiert war. Bei Passat und Transporter war dies anders (und ist für die Zwecke der Marinisierung wesentlich besser). Man kann den Golf-Motor aber mit Passat- und Transporter-Teilen umbauen.

Der Motor wird normal vorgeglüht und über das Zündschloss abgestellt - keine Probleme also. Marinisierungsteile sind hinlänglich verfügbar. Zusammengefasst ein guter Antrieb, wenn die Substanz des Basismotors gesund ist, was jedoch nicht immer die Regel ist.

2.1.2.7. VW 028

Bei dem VW 028 (oder ADG) handelt es sich um die vor allem in Audi und Passat-Modellen bzw. im späteren Transporter (T4) verbauten Vierzylinder-Diesel mit 1,9 Liter Hubraum und einer Leistung von 39–60 kW der ersten Generation. Sie entsprechen im Aufbau dem VW 068 und wiegen etwa 150-170 Kilogramm. Die Maschine ist heutzutage als Industriemotor weit verbreitet und hat hier in gewisser Weise die Nachfolge des OM 636 angetreten. Sie teilt die Vor- und Nachteile des sehr ähnlich konstruierten VW 068, gilt aber – trotz Zahnriemens – insgesamt als robuster.

2.1.2.8. VW 075

Hier handelt es sich um den alten Sechszylinder-Reihenmotor mit 2,4 Liter Hubraum aus dem VW LT mit 75-102 PS. Der Motor ist heute häufiger in älteren Volvos als in VWs zu finden (Volvo 240, 760, 940), wo er es mit Turbolader und Ladeluftkühler immerhin bis zu 122 PS brachte. Es handelt sich um einen Vorkammerdiesel mit Vorglühanlage, der bauartbedingt sehr lang ist, aber auch leise läuft. Er wiegt zwischen 220 und 250 Kilogramm und machte Zeit seines Lebens gerne mit Rissen in den Zylinderköpfen auf sich aufmerksam. Der Basismotor sollte daher vor der Marinisierung sorgfältig auf diesen Mangel überprüft werden.

2.1.2.9. Ford XLD

Ford bietet gleich mehrere Motore an, die sich hervorragend zur Marinisierung eignen. Es handelt sich um die aus den älteren Fiesta- und Escort-Modellen stammenden 1,6 bis 1,8 Liter-Diesel des Typs XLD. Dies sind Vierzylinder mit 60 bis 90 PS, die einfach aufgebaut, erzsolide und damit für die Marinisierung wie gemacht sind. Sie wiegen zwischen 120 und 160 Kilogramm und werden vielfach auch für industrielle Zwecke verwendet. Dies mag banal klingen, zeigt aber, dass es sich um anspruchslose und robuste Motore handelt. Diese Motore sind übrigens klare Favoriten der englischen Marinisierer.

Ihr Manko ist die vergleichsweise schlechte Verfügbarkeit (jedenfalls hierzulande), aber wer einen dieser Motore in gutem Zustand findet, hat einen guten Fang getan. Freilich gilt auch hier: Im Zweifel Finger weg von den Turbomotoren.

Marinisierungssätze gibt es reichlich, beim Einbau ist nichts Spezifisches zu beachten. Starten und Stoppen über das Zündschloss (Verteilereinspritzpumpe), Vorglühen über ein separates Relais. Die Motore laufen etwas rau und unter Umständen muss ein zusätzlicher Massering an der Dämpferplatte montiert werden.

2.1.2.10. Ford FSD

Eine Klasse höher spielt der Ford FSD, der mit 2,5 Liter Hubraum und 50-90 kW (letzterer mit Turbolader) aus dem Ford Transit stammt und sich ebenfalls bestens marinisieren lässt. Der Direkteinspritzer dient in Großbritannien vielfach als Basismotor für die professionelle Marinisierung (z.B. LEHMANN und SABRE). Der Vierzylinder läuft recht rau, ist aber grundsolide und birgt keine versteckten Fallen bei der Marinisierung. Es gilt das zum Ford XLD gesagte, allerdings ist der FSD in Deutschland noch schwerer zu beschaffen.

2.1.2.11. Peugeot XD/XUD

Peugeot bietet seit Anfang der Achtziger in den Modellen 205 bis 306 sowie in den entsprechenden Citroen-Modellen (Citroen und Peugeot gehören gemeinsam zum PSA-Konzern) und den Lieferwagen kleine Vierzylinder-Diesel des Typs XUD mit einer Leistung von 60 bis 102 PS an. Der Motor basiert auf dem XD, der die Modelle J7 und 505 antrieb und heute nur noch vereinzelt zu finden ist.

Diese einfachen und leichten Maschinen (120-198 Kilogramm) erfreuen sich zunehmender Beliebtheit bei den Marinisierern vor allem in Frankreich und England, da sie leicht und robust sind und bei der Marinisierung keine besonderen Probleme aufweisen. Es handelt sich um Vierzylinder mit einem Hubraum von 1,9 Liter. Sie werden z.B. von der Firma TECMOTOR ATLANTIQUE in La Rochelle professionell marinisiert und bilden ebenfalls die Basis einiger VOLVO-PENTA-Marinemotore. Auch bei der hobbymäßigen Marinisierung werfen diese Maschinen keine besonderen Probleme auf. Ihre Verfügbarkeit in Deutschland ist jedoch begrenzt.

2.1.2.12. Peugeot XPD

Beim Peugeot XPD handelt es sich um das nächst größere Triebwerk, das neben einigen Pkws in erster Linie dazu bestimmt war, das Transporterprogramm zu beflügeln. Der Hubraum beginnt bei 2,1 Liter und geht bis 2,5 Liter, die Leistung beträgt zwischen 79 und 122 PS. Der Vierzylinder wiegt ab etwa 210 Kilogramm und lässt sich problemlos marinisieren. Es gilt das zum XUD gesagte.

2.2. Zusammenfassung

Wer einen kleinen, leichten Vierzylinder-Diesel benötigt, sollte zum Ford XLD, dem Peugeot XUD oder – mit den genannten Einschränkungen – zum VW 068 greifen.

In der höheren Leistungsklasse spricht viel für die Mercedes OM 615/617, den Ford FSD und den Peugeot XPD.

Bei den ganz großen Maschinen kommt man an den LKW-Motoren von Mercedes kaum vorbei. Die ebenfalls sehr guten Basismotore von Ford und Ford New Holland sind bei uns – anders als in England – wenig verbreitet und daher kaum aufzutreiben.

2.3. Bezugsquellen für Dieselmotore

Wir haben gesehen, dass sich die für eine Marinisierung eignenden Motore nur wenig voneinander unterscheiden. Im Grunde spielt es kaum eine Rolle, welche Basis man verwendet. Selbst Gewichte und Einbaumaße differieren nur unwesentlich (lediglich der VW 068, der Ford XLD und der Peugeot XD/XUD fallen hier positiv aus dem Rahmen). Auf der anderen Seite sind nicht alle Basismotore in gleicher Weise verfügbar; wer etwa einen professionell überholten Mercedes OM 615 sucht, wird schnell fündig, wer es hingegen auf einen guten gebrauchten Peugeot XUD abgesehen hat, der benötigt Glück oder einen langen Atem. Vieles ist hier vom Zufall abhängig, weshalb man aus der Marke des Motors keine Glaubensfrage machen sollte.

Wichtiger ist: Will ich eine überholte Maschine oder einen Gebrauchtmotor? Dies ist natürlich in erster Linie eine Preisfrage, aber auch eine der Verfügbarkeit. Gerade Mercedes-Dieselmotore sind infolge der großen Konkurrenz auf diesem Sektor nahezu überall preiswert generalüberholt zu haben. Hier ein- oder zweitausend Euro zu sparen und das Risiko einzugehen, eine „Gurke" zu marinisieren, kann sich als Fehler herausstellen, vor allem, wenn man bedenkt, dass der Aufwand der Marinisierung groß ist und komplett wiederholt werden muss, tauscht man die Basismaschine binnen Kürze erneut. Hinzu kommt, dass ein von einer Garantie erfasster Austauschmotor auch ein wertsteigerndes Element darstellt, das seine Kosten im Falle eines Verkaufs schnell wieder hereinspielt. Und schließlich spielt auch hier wieder der Gedanke an die Sicherheit auf See eine Rolle.

Überholte Austauschmotore gibt es mittlerweile von nahezu jedem Fabrikat, insbesondere von jedem der hier behandelten Dieselmotore, und zwar durchweg zu konkurrenzfähigen Preisen. Etliche Firmen haben sich darauf spezialisiert, Motore aller Art in großem Stil vergleichsweise preiswert zu überholen. Problematisch ist allein die Tatsache, dass man von Seiten der Anbieter, wie das Wort „Austausch" bereits impliziert, im Gegenzug zumindest einen Austausch-Motorblock mit Zylinderkopf verlangt, andernfalls erhöht sich der Preis für den überholten Motor erheblich. Hinzu kommt, dass die Austauschmotore in aller Regel nur mit Wasserpumpe und Ölpumpe bestückt kommen – andere Nebenaggregate wie Lichtmaschine, Anlasser, Einspritzpumpe oder Benzinpumpe fehlen fast immer. Deshalb kann es sich lohnen, für ein paar Euro auf dem Schrottplatz einen defekten, aber kompletten Motor des gesuchten Typs zu besorgen, die Nebenaggregate abzubauen und das Alteisen im Tausch an den Motorenaufbereiter zu schicken.

Doch was tut man, wenn dieser Weg zu teuer ist? Wenn man unbedingt einen günstigen Gebrauchten als Basismotor verwenden möchte? Es würde den Rahmen dieses Buches sprengen, umfänglich auf die Möglichkeit der Beschaffung und Diagnose von Gebrauchmotoren einzugehen, aber folgendes soll doch gesagt sein: Gut sind Maschinen aus Unfallfahrzeugen, die noch getestet werden können und deren Kilometerstand bekannt ist. Außerdem kann man hier sicher sein, alle erforderlichen Nebenaggregate einschließlich des Kabelbaumes mit zu erwerben. Hier hilft ein Blick in die Seiten der örtlichen Tageszeitung bzw. der DAZ, in der viele Fahrzeugverwerter inserieren. Auch bei MOBILE.DE und den anderen Internet-Märkten für Automobile findet man solche Angebote.

Die Finger lassen sollte man von Motoren, die man weder laufen lassen noch sonst testen kann. Der Kauf eines Gebrauchtmotors ist wahrhaftig keine Vertrauenssache, sondern in solch einem Fall reine Glücksache. Wer eine Maschine kauft, ohne deren Kompression im kalten und warmen Zustand geprüft zu haben, ohne den Öldruck zu kennen und ohne die Maschine längere Zeit einem Probelauf unterzogen zu haben, handelt gefährlich.

3. Der Vorgang der Marinisierung

3.1. Vorbemerkung

Nun haben wir alles richtig gemacht und unser „Lieblingsmotor" steht in voller Pracht in der Garage oder im Bootsschuppen und harrt der Marinisierung. Wie geht es weiter?

Ein kurzes Wort zur Arbeitsumgebung. Sie sollte so großzügig bemessen sein, dass man den Motor (und später das Getriebe) von allen Seiten bequem bearbeiten kann. Um den in der Regel doch recht schweren Motor sicher aufzustellen, benötigt man eine massive Werkbank. Der Motor sollte weder auf der Ölwanne noch auf den serienmäßigen Stützen stehen, da letztere im Zuge der Marinisierung abmontiert werden müssen. Hier ist etwas Phantasie und handwerkliches Geschick gefragt. Gut aufstellen kann man die meisten Motore, wenn man großflächig Holzleisten zur Unterstützung unter die Verschraubung der Ölwanne am Motorblock legt und diese auf der Werkbank abstützt.

Wer häufiger an seinem Auto oder Boot schraubt, wird über das nötige Werkzeug verfügen. Gute Schraubenschlüssel aller Größen (ggf. einschließlich der englischen Zollmaße, z.B. bei FORD-Motoren) sind erforderlich, dazu gute Schraubendreher und Torx- bzw. Inbusschlüssel. Ein Flaschenzug ist schließlich auch nicht verkehrt, immerhin hat man es im Endstadium (mit Getriebe und Nebenaggregaten) mit erheblichen Gewichten zu tun. Ideal wäre ein Motorheber, wie er zum Ausbau von PKW-Motoren verwendet wird.

Die eigenen Fähigkeiten als Bastler muss man realistisch einschätzen. Wer schon einmal erfolgreich die Zylinderkopfdichtung eines Automotors gewechselt hat, für den dürfte auch die Marinisierung eines Dieselmotors kein Problem sein. Wer sich auf der anderen Seite nicht zutraut, an seinem PKW die Lichtmaschine zu wechseln, sollte das Vorhaben einer Marinisierung besser lassen oder sich fachkundigerer Hilfe versichern.

3.2. Umbausätze

Welche Teile zur Marinisierung wir im Einzelnen brauchen, wird im Folgenden anhand der einzelnen Komponenten dargestellt. Oftmals ist es jedoch sinnvoll, sich einen kompletten Marinisierungssatz für den Motor zu kaufen, der regelmäßig preisgünstiger als die Summe der Einzelkomponenten sein wird. Doch auch hier liegt – wie so oft – der Teufel im Detail verborgen.

Zunächst muss der Marinisierungssatz zum Motor passen. Das klingt simpel, ist es aber nicht, wenn man in Betracht zieht, dass es etwa von der beliebten Mercedes

OM 615-Serie unzählige Varianten gibt, die sich nur in kleinen, aber feinen Details voneinander unterscheiden. Dies führt schnell dazu, dass die Wasserpumpe nicht auf den Unterdruckanschluss passt oder der Getriebeadapter um die entscheidenden 5 mm zu kurz ist. Wenn man die Marinisierungsteile kauft, sollte man daher nicht nur die Motornummer parat haben, auch detailgenaue Fotos von der Maschine sind äußerst hilfreich.

Es gibt im In-und Ausland zahlreiche Anbieter von Marinisierungssätzen, (siehe Anbieterverzeichnis, *Kapitel VII Ziff. 2*). Grundsätzlich muss man bei Preisvergleichen darauf achten, dass die verglichenen Sätze den gleichen Umfang haben und was noch fehlt und teuer irgendwo anders beschafft werden muss. Ein weiteres Kriterium wird auch die Nähe zum Anbieter sein – im Zuge der Marinisierung stellen sich ganz sicher Fragen und Probleme, bei deren Lösung man auf Hilfe und manchmal auch auf Kulanz angewiesen ist.

Eine Zäsur kann man beim Getriebe und seinen Zubehörteilen (Anschlussgehäuse, Dämpferplatte etc.) machen. Diese Komponenten kann man genauso gut woanders erwerben, manche Anbieter von Marinisierungsteilen bieten selber auch gar keine Getriebesätze an. Der Vertrieb von Getrieben ist von den großen Herstellern und Importeuren meist professionell und flächendeckend organisiert, was für Marinisierungsteile (stückzahlbedingt) nicht zutrifft.

3.3. Einzelkomponenten

3.3.1. Motorblock

Bevor die eigentliche Marinisierung beginnt, müssen der Motor gereinigt und die Teile entfernt werden, die nicht benötigt werden. Zur Reinigung verwendet man am besten Kaltreiniger (unbedingt die Umweltvorschriften beachten!). Die Reinigung muss sehr sorgfältig erfolgen, da der Block später seewasserfest lackiert werden soll und Lack auf Öl und Dreck bekanntlich nicht haftet.

Sodann werden demontiert:

- Abgaskrümmer
- Lichtmaschine
- Anlasser
- Fundamente
- Ggf. Unterdruckpumpe und andere fahrzeugspezifische Teile

Anschließend ist die richtige Zeit für ein paar schmutzige Arbeiten wie das Einstellen der Ventile und das Durchspülen der Kühlkanäle mit Frischwasser. Und: Nie wieder lässt sich die Zylinderkopfdichtung so leicht wechseln wie jetzt, wo der Motor auf dem Präsentierteller liegt.

Anschließend klebt man die Kontaktflächen des Auspuffkrümmers und die Stehbolzen ab, demontiert besser auch noch Ventildeckel und Ölwanne und fertig ist der Block zur Lackierung. Die Demontage der Ölwanne empfiehlt sich auch zur Sichtprüfung: Finden sich in ihr Metallspäne oder andere Partikel, die dort nicht hingehören, gilt die abgewandelte Monopoly-Regel: Gehe zurück auf Start, gib noch einmal Geld für den Motor aus.

Ein Wort zur Lackierung des Motors: nicht jeder findet sie notwendig und richtig ist, dass die Notwendigkeit dieses zusätzlichen Korrosionsschutzes vom Schiff und seinem Einsatzgebiet abhängt. Wer mit einem schweren, dichten Stahlschiff mit abgeschottetem Maschinenraum meist durchs Süßwasser rauscht, der braucht ihn weniger als der Eigner eines kleineren Segelbootes, das auf der Nordsee fährt. Gleichwohl: Schaden wird die Lackierung niemals und der finanzielle Aufwand hierfür hält sich wahrhaftig in engen Grenzen. Hinzu kommt, dass man insbesondere bei einer hellen Farbe, die ohnehin zu empfehlen ist, später sehr gut etwaige Undichtigkeiten oder andere Schäden diagnostizieren kann. Nicht umsonst sind alle Marinemotore seewasserfest lackiert.

Motorfarbe gibt es von allen großen Herstellern, am Besten kauft man sie dort, wo es auch Autolacke gibt. Normale Autolacke oder gar Farben aus dem Baumarkt sind untauglich, da ihnen die spezielle Öl- und Säurefestigkeit fehlt. Alternativ kann man auch Bilgefarbe für Stahlschiffe vom Schiffsausrüster verwenden, allerdings glänzt die nicht so schön wie Motorlack. Verarbeitet wird nach den Anwendungshinweisen des Herstellers, die in der Regel in etwa so lauten: Untergrund sorgfältig entfetten (z. B. mit Silikonentferner), mit kompatibler Vorstreichfarbe lackieren, dann Decklack auftragen. Wer über keine Spritzpistole verfügt, kann das alles durchaus auch mit Rolle und Pinsel machen. Anlasser,

Lichtmaschine, Ventildeckel und Ölwanne sind ja bereits abgebaut und können jetzt in der gleichen Weise behandelt werden. Nach Durchtrocknung der Farbe werden alle Teile wieder montiert (natürlich mit neuen Dichtungen!) und damit hat der Motorblock seine „Marinisierung" bereits hinter sich.

Bleibt die serienmäßige Wasserpumpe erhalten, was vom gewählten Kühlsystem abhängt (siehe anschließend *Ziff. 2.2.4 in diesem Kapitel*), so kann man daran denken, sie nun auf Verdacht gegen ein Neuteil auszuwechseln. Die Wasserpumpe ist ein im Bootsbetrieb außerordentlich sicherheitsrelevantes Bauteil und so gut wie jetzt kommt man an sie wohl kaum wieder heran.

3.3.2. Fundamente

Als nächstes sind die Motorträger an der Reihe. Die früher im Auto oder LKW verwendeten passen nicht, Anbieter von Umbausätzen haben aber auch hier Abhilfe im Sortiment. PKW-Motore werden üblicherweise mit zwei Elementen im vorderen Bereich gehalten, der Rest des Gewichts wird von einem dritten Element, das am Getriebe befestigt ist, getragen. Schiffsfundamente sind hingegen in aller Regel wie Eisenbahnschienen aufgebaut, was vier Fundamente erfordert.

Die Motorträger müssen schwingungsdämpfend ausgelegt sein und auf das Gewicht der Motor/Getriebeeinheit abgestimmt sein. Es gibt sie als Gummi/Metalllager, für ganz schwere Motore als gas- oder ölbefüllte Elemente und, neuerdings, auch aus Kunststoff. Die Schwingungsdämpfung ist sehr wichtig, da andernfalls nicht nur der Komfort an Bord leidet. Wer die Schwingungen seines Motors nicht hinreichend dämpft, riskiert abgerissene Lichtmaschinen, los geschüttelte Stevenrohre und vieles andere mehr.

Zu bedenken ist, dass bei Propellerwellen ohne Drucklager der Staudruck der Schraube ungemindert an die Motorlager weitergegeben wird. Außerdem sind die Schwingelemente einer hohen Belastung ausgesetzt, wenn das Boot in ein tiefes Wellental eintaucht und dann von der nächsten See wieder angehoben wird. Bei kurzen Wellen kann sich die Gewichtskraft des Motors gegenüber dem Ruhezustand versechsfachen! Aus diesem Grund kommen für den Schiffsbetrieb nur solche Motorfundamente in Betracht, die gegen Abscherung besonders gesichert sind, z.B. mit einem Stopper oder mit einer Zwangsbegrenzung.

Wir schrauben diese Elemente an den Block (üblicherweise an die Stellen, an denen zuvor die alten Motorträger saßen; ggf. muss man sich Winkelbefestigungen selber bauen) und messen nach, ob der Motor nun auf das Schiffsfundament passt. Unter Umständen muss man mit Eisenwinkeln die Fundamente verlängern oder verbreitern; hier ist der Bastler gefragt. Jetzt kennt man im Übrigen auch die exakte Einbauhöhe der Maschine und es schadet nichts, noch einmal nachzumessen, ob die Sache auch wirklich wie gedacht passt.

Bei schwierigen Einbauverhältnissen (z.B. enger Maschinenraum, knapper Wellentunnel) kann es hilfreich sein, sich einen Einbaurahmen anzufertigen, um die erforderlichen Fundamentanpassungen leichter vornehmen zu können. Hierfür reichen einige (gerade!) Dachlatten und eine exakte Vermessung der Maschine und der Motorträger. Insbesondere erleichtert solch ein Einbaurahmen die Ausrichtung der Maschine auf die Wellenflucht. *Rechts* zu sehen der Einbaurahmen für einen BUKH DV 24 ME mit Getriebeflansch.

3.3.3. Ölversorgung

Die Ölversorgung findet im Wesentlichen im Motor statt und muss daher nur in Ausnahmefällen an das nasse Einsatzgebiet angepasst werden. Im Motor wird das Öl in der Ölwanne gesammelt und von der dort befindlichen Sichelpumpe wieder zu den Schmierstellen gepumpt. Das kann (und muss) so bleiben. Zwei Unterschiede gibt es aber doch: Das Öl wird im Auto durch den an der Ölwanne vorbei streichenden Fahrtwind gekühlt; der fehlt im Boot. In Ausnahmefällen kann dies eine separate Ölkühlung erforderlich machen, vor allem bei hoch belasteten größeren Maschinen in sehr engen Maschinenräumen. In der Regel gilt jedoch: War der Basismotor nicht mit einer Ölkühlung ausgestattet, so braucht man aber auch im Schiff meist keine. Sollte doch eine nachgerüstet werden, so bietet sich ein Öl/Wasserkühler an. Entsprechende Ölkühler gibt es für verschiedene Anschlussmaße z.B. von E.J. Bowman (siehe *Anbieterverzeichnis*), sie werden auf den Anschluss des Ölfilters geschraubt, der seinerseits seinen Platz auf dem Anschlussflansch findet

Wichtig ist oftmals die Installation eines Ölthermometers. Es gibt für jeden Motor passende Geber, die entweder an der Ölwanne (zweitbeste Lösung) oder am Ölfilterstutzen (besser) montiert werden. Ölthermometer sind, anders als im PKW, bei marinisierten Motoren wichtig, da die Entwicklung der Öltemperatur insbesondere bei längerer Vollgasfahrt wegen des fehlenden Fahrtwindes ständig überwacht werden muss.

Unbedingt vorsehen sollte man einen akustischer Warner für den Abfall des Öldrucks. Im entscheidenden Augenblick schaut der Bootsführer kaum aufs Armaturenbrett und das Aufleuchten der roten Kontrollleuchte bleibt unbemerkt. Anders als im Auto liegen die Instrumente beim Boot oft nicht im Blickfeld des Bootsführers, die direkte Sonneneinstrahlung in ungeschützten Cockpits besorgt den Rest. Es gibt Adapter, die auf das am Block vorgesehene Anschlussgewinde des Öldruckgebers geschraubt werden und über zwei Anschlüsse verfügen: Einen für den Öldruckgeber und einen weiteren für den akustischen Signalgeber, an den man eine kleine 12V-Hupe anschließt. Dies alles erhält man nicht bei dem Anbietern von Marinisierungsteilen, aber jeder größere BOSCH-Dienst oder Schiffselektriker kann weiterhelfen.

Der zweite Unterschied in der Ölversorgung von Boot und PKW liegt in der wackeligen Umgebung begründet: PKW-Motore sind nicht für die auf See auftretenden

Krängungs- und Neigungswinkel konstruiert. Im schlimmsten Fall wird das Öl in der Ölwanne von der bei Seegang auftretenden Fliehkraft so auf eine Seite gedrückt, dass die Ölpumpe kurzzeitig nur noch Luft ansaugt. Gegen dieses todbringende Phänomen gibt es für den Hobby-Marinisierer kaum technische Lösungen. Er könnte sich zwar einen Basismotor aus einem Geländewagen besorgen, die fast immer über hohen Neigungswinkeln angepasste Ölwannen und Ölpumpen verfügen. Die gibt es jedoch kaum (Ausnahmen: Landrover, Mercedes G-Modelle). Oder er könnte die Ölversorgung aufwendig auf eine Trockensumpfschmierung wie bei Rennwagenmotoren umbauen. Die ist jedoch teuer und für Dieselmotore serienmäßig gar nicht zu haben. Hier müsste man basteln und das ist etwas, was man bei der Ölversorgung eines Motors besser lassen sollte.

Letztlich bleibt einem kaum etwas anderes übrig, als sich künftig vernünftig zu verhalten, also bei sehr hoher See nicht mehr zu fahren, darauf zu achten, dass der Ölstand immer so hoch wie eben zulässig ist und in kritischen Situationen den Öldruckmesser beobachten und blitzschnell das Gas wegnehmen. Das ist die pragmatischste Lösung, die allen Unkenrufen zum Trotz in der Praxis gut funktioniert.

3.3.4. Motorkühlung

Die größten Eingriffe im Zuge der Marinisierung betreffen das Kühlsystem. Dies ist leicht nachzuvollziehen, wenn man bedenkt, dass ein Automotor im Wesentlichen mittels des Fahrtwindes gekühlt wird. Der fehlt an

Bord freilich, es sei denn, man nennt ein Speed-Boot sein Eigen oder man verlässt den Hafen erst ab Windstärke 10. Selbst luftgekühlte Automotoren, die zu Bootsmotoren verwandelt wurden, mussten aufwendig mit einer Wasserkühlung nachgerüstet werden. Auf der anderen Seite steht außenbords Kühlwasser in nahezu unbegrenzter Menge zur Verfügung. Was liegt also näher, als das Umgebungswasser einfach durch die Kühlwasserkanäle der Maschine zu leiten?

3.3.4.1. Einkreiskühlung

So funktioniert in der Tat die so genannte Einkreis- oder Seewasserkühlung. Das Seewasser wird über eine selbst ansaugende Impellerpumpe gefördert, gefiltert, durch den Motor geleitet und durch den Auspuff wieder hinaus ins Meer gepumpt. Man braucht nicht viel Fantasie, um zu begreifen, dass dies keine gute Lösung darstellt. Fährt man im Salzwasser, strömt dieses unmittelbar durch den Motor und greift die Kühlkanäle und Dichtungen an, die im Zeitraffer rosten. Besonders manche Aluminiumteile lösen sich erstaunlich rasant auf, aber es gibt erfahrungsgemäß keine Motortei-

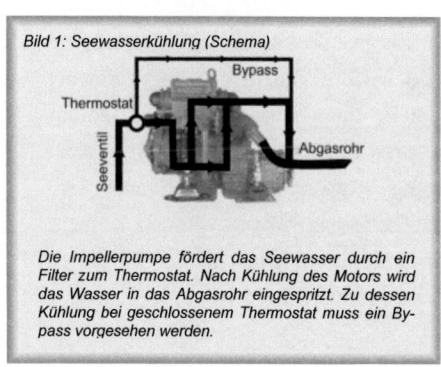

Bild 1: Seewasserkühlung (Schema)

Die Impellerpumpe fördert das Seewasser durch ein Filter zum Thermostat. Nach Kühlung des Motors wird das Wasser in das Abgasrohr eingespritzt. Zu dessen Kühlung bei geschlossenem Thermostat muss ein Bypass vorgesehen werden.

le, die den Angriff von Salzwasser längere Zeit unbeschadet überstehen. Hier ist schneller Verschleiß vorprogrammiert.

Hinzu kommt, dass man Salzwasser nicht über 60 Grad Celsius erhitzen darf, da bei höheren Temperaturen das im Wasser enthaltene Salz auskristallisiert. Diese Kristalle würden binnen kurzem die Kühlkanäle verstopfen und zur Überhitzung der Maschine führen. Auf der anderen Seite benötigen moderne Dieselmotore höhere Arbeitstemperaturen von 80-90 Grad Celsius, um optimal zu laufen. Niedrigere Temperaturen würden Verschleiß und Verbrauch des Motors erhöhen. Mit Seewasser direkt gekühlte Maschinen laufen also permanent mit zu geringer Temperatur.

Die Einkreiskühlung ist daher nur für kleine Maschinen von 5-15 kW als (schlechter), kurzfristig kostengünstiger Kompromiss akzeptabel. Diese Maschinen basieren zumeist auf äußerst robusten und anspruchslosen Baumaschinenantrieben, die mit diesen zusätzlichen Belastungen halbwegs fertig werden und werden meist in Segelboote eingebaut, wo sie ohnehin seltener laufen. Für unsere Maschinen, die ja alle ein bis zwei Nummern größer sind, kommt die Einkreiskühlung, so preiswert und einfach sie auch sein mag, nicht in Frage, selbst wenn gelegentlich entsprechende Teile angeboten werden. Wir würden unsere aufwendig marinisierte Maschine einem baldigen Exitus zuführen. Hinzu kommt die Gefahr von Frostschäden im Winter, wenn die Motore nicht sorgfältig entwässert werden.

Was also tun?

Man muss sich vor Augen halten, dass im Auto das Kühlwasser, in Wirklichkeit ein Gemisch aus Frostschutzmittel, Rostschutzadditiven und nur etwa 70 % Wasser, in einem geschlossenen System zirkuliert. Es gibt einen inneren Kühlkreislauf, in dem die Kühlflüssigkeit von einer Wasserpumpe, die über einen Keilriemen von der Kurbelwelle angetrieben wird, nur innerhalb des Motors zirkuliert. Dieser innere Kühlkreislauf wird nicht gekühlt, weshalb sich die Kühlflüssigkeit sehr schnell erhitzt. Das ist ein gewollter Effekt, da der Motor so rasch auf Betriebstemperatur kommt. Ist diese erreicht (in der Regel 82-88 Grad Celsius), so öffnet ein temperaturgesteuertes Ventil (Thermostat) den zweiten (äußeren) Kühlkreislauf, der die Kühlflüssigkeit nun durch den Kühler leitet, wo sie durch die vorbeiströmende kalte Luft (bei Langsamfahrt unterstützt durch ein Gebläse) abgekühlt wird und danach wieder in den inneren Kühlkreislauf geschickt wird. Im Regelfall liegt das Temperaturdelta, also der Temperaturunterschied zwischen ungekühlter und gekühlter Flüssigkeit bei 10-12 Grad Celsius.

Jabsco ¼ 200 – eine kleine Impellerpumpe für Motoren bis 25 kW. Der Deckel ist entfernt.

Dieses bewährte System müssen wir im Boot so gut wie möglich kopieren, da unser Motor hierfür ab Werk ausgelegt wurde. Angesichts der Empfindlichkeit des Motors gegen Korrosion und Verstopfung der Kühlkanäle ist klar, dass der geschlossene Kühlkreislauf im Motor, in dem das Gemisch aus Wasser, Frostschutz und Rostschutz zirkuliert, nicht angetastet werden darf. Es darf weder durch

Seewasser noch durch eine andere Flüssigkeit ersetzt werden. Diese Kühlflüssigkeit muss jedoch in irgendeiner Form gekühlt werden, sonst würde der Motor binnen kurzem überhitzen. Zur Lösung dieses Problems kennt der Bootsbau zwei Methoden: Die Flächen- (auch Taschen- oder Kielkühlung genannt) und die Zweikreiskühlung.

3.3.4.2. Flächenkühlung

Bei der Flächenkühlung (auch *Taschenkühlung* genannt) wird die Kühlflüssigkeit entweder durch im Schiffsboden installierte Kühltaschen oder durch am Kiel außen installierte Rohre geleitet. In beiden Fällen erfolgt die Kühlung durch das an der Außenhaut bzw. dem Kühlrohr vorbeiströmenden Wasser. Die Taschenkühlung funktioniert nur, wenn aufgrund der Beschaffenheit der Außenhaut ein hinreichender Wärmeaustausch gewährleistet ist, also bei Stahl und Aluminium. Kunststoffrümpfe oder gar Holzboote scheiden für eine Taschenkühlung vollständig aus. Hier ließe sich nur die (weniger effektive) Kielkühlung einbauen, die aber aufgrund ihrer begrenzten Kapazität nur für kleine Maschinen taugt. Außerdem führt man so ständig eine nicht gerade kleine „Unterwasserbremse" mit sich, die besonders den Segler stören wird.

Die Flächenkühlung stellt dort, wo sie konstruktiv möglich ist, den besten Kompromiss dar. Ihre Vorteile sind offensichtlich:

- Keine Rumpfdurchbrüche für Frischwasser und Abwasser

- Nur eine Kühlwasserpumpe erforderlich (wie im PKW)
- Kein Verschmutzen des Kühlsystems von außerhalb
- Optimale Betriebstemperatur der Maschine durch Beibehaltung des Thermostaten
- Kein Salzwasser im System

Nachteilig sind das hohe Gewicht der Kühltaschen und die große Menge an Kühlflüssigkeit, die ständig mitgeführt wird sowie der Umstand, dass zwangsläufig ein größerer Bereich des Rumpfes von innen nicht mehr auf Schäden, insbesondere auf Korrosion, untersucht werden kann. Letzteres sollte aber durch den großzügigen Einsatz von Rostschutzzusätzen im Kühlwasser sowie den regelmäßigen Wechsel der Kühlflüssigkeit alle zwei bis drei Jahre in den Griff zu bekommen sein. Hinzu kommt eine gewisse Empfindlichkeit gegen Bewuchs der Außenhaut, da dieser den Austausch der Wärme und damit die Kühlwirkung herabsetzt.

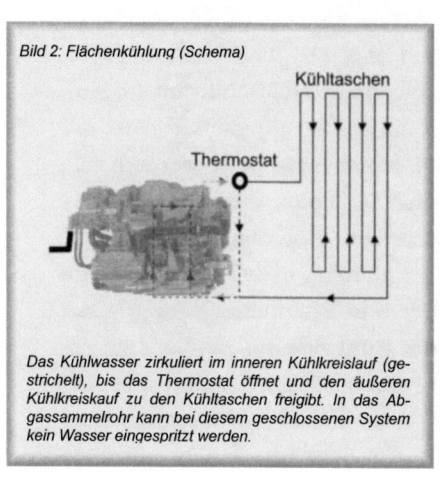

Bild 2: Flächenkühlung (Schema)

Das Kühlwasser zirkuliert im inneren Kühlkreislauf (gestrichelt), bis das Thermostat öffnet und den äußeren Kühlkreiskauf zu den Kühltaschen freigibt. In das Abgassammelrohr kann bei diesem geschlossenen System kein Wasser eingespritzt werden.

Für sehr warme Gewässer eignet sich diese Form der Kühlung naturgemäß nur sehr bedingt, aber in unseren heimischen Breiten mit einer Wassertemperatur von höchstens 20 Grad Celsius stellt sie bei mittleren und großen Metallschiffen zweifellos das Optimum dar. Nicht umsonst rüstet die Deutsche Gesellschaft zur Rettung Schiffbrüchiger (DGzRS) viele ihrer Seenotkreuzer mit eben diesem Kühlsystem aus. Gerade im flachen Wattenmeer mit seinen vielen Verschmutzungsquellen gibt es nichts Besseres.

Auf der anderen Seite kann man eine Taschenkühlung nicht nachrüsten; entweder, der Konstrukteur hat sie von vorne herein vorgesehen oder man muss darauf verzichten. Grund hierfür ist der enorme Platzbedarf der Kühltaschen. Als Faustformel gilt, dass je 10 kW Maschinenleistung eine benetzte Fläche von 23 dm^2 benötigt wird. Bei 50 kW sind dies 115 dm^2! Hieraus resultiert ein weiteres Problem: Wenn das Schiff mit Kühltaschen ausgestattet ist und später ein größerer als der konstruktiv vorgesehene Motor eingebaut werden soll, kann es zu Kühlproblemen kommen, wenn die benetzte Fläche nicht mehr ausreicht. Nachträglich erweitern lässt sie sich in der Regel nämlich nicht. Verstärkt wird dieser Effekt noch durch das Phänomen, wonach der Durchsatz und damit die Kühlwirkung ab einer gewissen Drehzahl der Kühlwasserpumpe nicht mehr zunimmt. Dies beruht auf dem Strömungswiderstand der großen Kühlflüssigkeitsmenge, die ab einer bestimmten Umspülgeschwindigkeit nicht mehr weiter beschleunigt werden kann und führt zu einem plötzlichen Temperaturanstieg im Bereich der Spitzenleistung der Motore, ist aber in der Praxis unbedenklich und in der Formel für die Berechnung der Größe der Kühltaschen bereits berücksichtigt. Gleichwohl gilt es, dieses Phänomen im Auge zu behalten, das bei anderen Methoden der Kühlung nicht auftritt.

Die Flächenkühlung stellt die geringsten Anforderungen an die Marinisierung von Motoren; im Grunde ist der Vorgang der gleiche wie bei der Installation einer Einkreis-Kühlung, nur dass dort Seewasser eingespeist und hier Kühlflüssigkeit umgewälzt wird.

Installiert werden muss also ein wassergekühltes Abgassammelrohr (Kombikühler), das unter Verwendung neuer Dichtungen anstelle des Abgaskrümmers an den Motorblock geschraubt wird. Falls erforderlich, müssen die Stehbolzen des Abgaskrümmers verlängert werden. Dazu dreht man zwei Muttern auf den Stehbolzen, kontert diese und dreht dann den Bolzen heraus. Bei den neuen Bolzen muss auf die Festigkeitsklasse geachtet werden. Wie bei allen Arbeiten am Motorblock sind selbstsichernde Schrauben erforderlich. Ggf. kann man sich mit Loctite oder einem ähnlichen Fixierungsmittel helfen.

Das wassergekühlte Abgassammelrohr dient zwei Zwecken: Einmal übernimmt es die Funktion des Ausgleichsbehälters für die Kühlflüssigkeit und dient der Entlüftung des Kühlsystems, zum anderen kühlt es das Abgas der Maschine vor. Die Entlüftung erfolgt entweder ganz einfach über den Kühlwassereinfüllstutzen, der mit einem Überdruckventil versehen ist, oder aber über einen separaten, kleinen Behälter, zu dem eine Schlauchverbindung vom höchsten Punkt des Kühlsystems führt, was in der Regel das wassergekühlte Abgassammelrohr ist. Die Anschlüsse für die Kühlwasserzirkulation sind denkbar einfach und entsprechen denen beim PKW-Kühler.

Etwas gilt es allerdings noch zu beachten. Im Boot verdient die Kühlung der Motorabgase besondere Bedeutung. Die im PKW so wichtige Kühlung durch den Fahrtwind entfällt vollkommen. Würde man das Abgasrohr nicht kühlen, hätte man einen Brandherd erster Klasse. Die bei der Seewasserkühlung mögliche Frischwassereinspritzung in das Abgassammelrohr ist hier mangels Frischwassers im Kühlkreislauf nicht möglich. Die Abgase werden zwar durch das bereits erwähnte (und eingebaute) wassergekühlte Abgassammelrohr heruntergekühlt, dies reicht jedoch nicht. In Ermangelung anderer Alternativen empfiehlt es sich, den Abgassammler auf kürzestem Wege in ein Rohr münden zu lassen, durch das dann Frischwasser (Seewasser) strömt. Bei geschickter Konstruktion reicht allein der im Abgasrohr entstehende Druck aus, dieses Rohr ständig mit Seewasser zu durchspülen, und zwar auch dann, wenn das Schiff still liegt.

3.3.4.3. Zweikreis-Frischwasserkühlung

Entfällt die Möglichkeit zur Flächenkühlung, sei es, weil das Boot aus Holz oder Kunststoff ist oder weil diese Form der Kühlung konstruktiv nicht vorgesehen ist, so bleibt immer noch die Zweikreis-Frischwasserkühlung. Die funktioniert im Grunde ganz ähnlich wie die Flächenkühlung, die ja auch eine Zweikreiskühlung darstellt, nur dass hier der zweite (äußere) Kühlkreislauf nicht durch Kühltaschen, sondern durch einen Wärmetauscher läuft, in dem er seine Wärme an Frischwasser abgibt, das mittels einer separaten Pumpe zu- und abgeführt wird.

Diese Form der Motorkühlung stellt bei größeren Motoren den Regelfall dar, da nur wenige Boote konstruktiv für eine Flächenkühlung vorgesehen sind und sich die Einkreiskühlung aus den genannten Gründen verbietet. Erforderlich ist immer ein Wasser/Wasser-Wärmetauscher, der aus korrosionsbeständigem Material bestehen muss, da er von Frischwasser (= Salzwasser) durchströmt wird. Vielfach wird ein kombinierter Wärmetauscher/Abgaskühler (Kombikühler) verwendet, der unmittelbar auf den Motorblock an Stelle des Abgassammelrohres geschraubt wird, gelegentlich steht der Wärmetauscher separat.

Bild 3: Zweikreiskühlung (schematische Darstellung)

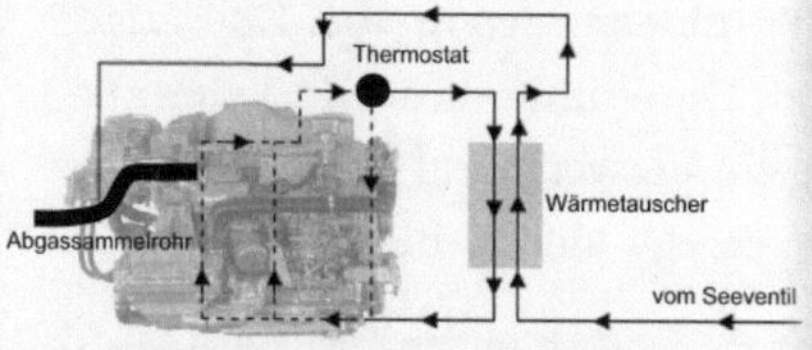

Das Kühlwasser strömt im inneren (abgeschotteten) Kühlkreislauf, bis das Thermostat öffnet und den Weg zum Wärmetauscher freigibt. Durch den Wärmetauscher strömt Seewasser, das separat gefördert und gefiltert wird. Das Abwasser dient anschließend zur Kühlung des Abgasrohres. Oft ist der Wärmetauscher in den Abgaskrümmer integriert (Kombikühler) und verfügt über eine zusätzliche Ölkühlung.

Kombikühler sind schwer und müssen oftmals mit separaten Auflagern versehen werden. Die Entlüftung des Kühlsystems findet auch hier wieder über den Abgaskühler/Kombikühler statt, entweder über ein Überdruckventil im Verschlussdeckel oder über einen separaten Überlaufbehälter. Die ursprüngliche Wasserpumpe für den Motorkreislauf bleibt erhalten.

Die zusätzliche Wasserpumpe für den Frischwasserkreislauf wird ebenfalls an den Motor angeschlossen, zumeist wird sie über einen Keilriemen von der Kurbelwelle angetrieben. Wegen des ansonsten zu starken axialen Zuges auf der pumpenseitigen Riemenscheibe sollte man davon absehen, die Pumpe fest an den Motor zu flanschen, auch wenn die Pumpe entsprechende Befestigungspunkte vorsieht. Es ist besser, die Pumpe frei, lediglich durch die aufgesetzten Schlauchenden gehalten, zu montieren, um der Pumpenwelle ein möglichst unbelastetes Rotieren zu ermöglichen. Zumindest muss die Pumpe elastisch aufgehängt werden. Für Mercedes-Motore offerieren manche Anbieter Anschlüsse der Wasserpumpe für den Flansch der (im Boot überflüssigen) Unterdruckpumpe. Das ist elegant, aber auch teuer. Es besteht auch die Möglichkeit, für den Frischwasserkreislauf eine elektrische Impellerpumpe zu verwenden, was sich immer dann anbietet, wenn die Einbauverhältnisse schwierig sind. Die Pumpe muss in jedem Fall selbst ansaugend sein, die Verwendung einer herkömmlichen Umwälzpumpe verbietet sich daher.

Ehemalige Industriemotore (wie manche OM 636) verfügen gelegentlich über mechanische Nebenabtriebe, für die es früher ebenfalls Wasserpumpenanschlüsse gab. Im Zuge der Standardisierung ist dieses System irgendwann weggefallen.

Bei der Seewasserpumpe handelt es sich um eine selbstansaugende, seewasserresistente Impellerpumpe, deren Größe zum Frischwasserdurchsatz des Wärmetauschers passen muss. Man rechnet in der Regel mit 45 Litern/Minute je 100 Liter Fassungsvermögen des Wärmetauschers. Die Kapazität der Wasserpumpe darf auf der Saugseite 2 m/Sek. und auf der Druckseite 3 m/Sek. nicht überschreiten, was durch den Durchmesser der Seewasserleitung reguliert werden kann. Die Pumpe sollte keinesfalls zu groß gewählt werden, da ansonsten der Leistungsverlust unnötig groß ist und Schäden im Rohrbündel des Wärmetauschers durch Kavitation entstehen können, wenn die Fließgeschwindigkeit des Wassers zu hoch ist.

Vor die Pumpe wird der Filter installiert, dies geschieht aber erst später im Boot. Hier ist vor allem darauf zu achten, dass der Filter jederzeit gut zugänglich ist. Eine umschaltbare Doppelfilteranlage ist zwar teurer, aber auch sicherer. Der Filter muss mindestens 15 cm über der Wasserlinie angebracht werden, damit er auch bei geöffnetem Seewasserventil im Betrieb gereinigt werden kann. Auf dem Bild *rechts* ist gut zu erkennen, wie hoch der Filter (vorne links) im Verhältnis zur Maschine anzubringen ist.

Ein Wort noch zur Einspritzung von Abgas in den Auspuffstrom: Dies wird gelegentlich praktiziert, und zwar aus zwei Gründen: zum einen wird die Kühlung durch das zerstäubte Wasser intensiviert, zum anderen bindet das zerstäubte Wasser den Ruß im Abgas und lässt dieses sauberer erscheinen als es in Wirklichkeit ist. Wie auch immer, unbedingt notwendig ist eine Wassereinspritzung bei den hier behandelten Motoren nicht, sauberer wird das Abgas hierdurch auch nicht und man kann sich die Kosten für den Einspritzring getrost sparen. Es genügt, das Seewasser einfach in das Abgasrohr einzuleiten.

Große amerikanische Maschinen (zumeist Benziner) haben übrigens ab Werft oftmals nur eine Einkreiskühlung. Vernünftige Gründe hierfür gibt es jedenfalls dann nicht, wenn das Boot auch im Salzwasser eingesetzt wird. Gerade großvolumige Benzinmotoren nehmen Betriebszustände unterhalb der normalen Kühlwassertemperatur von 80-90 Grad ausgesprochen übel. Man kann dieses Phänomen am ehesten damit erklären, dass Marinemotoren in den USA wesentlich preiswerter als in Europa und damit auch kostengünstiger zu ersetzen sind und viele Boote dort überwiegend Süßwasser unter den Kiel bekommen. Auch der mit der „Unterkühlung" einhergehende höhere Benzinverbrauch schreckt im Land der unbegrenzten Möglichkeiten nicht. Für die meisten dieser Motore gibt es ebenfalls Umrüstsätze auf Zweikreiskühlung. Noch besser ist gleich die Umrüstung auf einen zweikreisgekühlten Dieselantrieb.

3.3.5. Abgassystem

Über die Kühlung des Abgassystems durch Kühl- oder Frischwasser wurde bereits geschrieben, so dass im Grunde nichts weiter zu bedenken ist, jedenfalls nichts, was mit der Marinisierung des Basismotors zu tun hat. Wichtig ist, dass das Abgassystem den richtigen Durchsatz hat, über einen ausreichend dimensionierten Wassersammler (besonders bei langen Abgasrohren wie bei vielen Segelboo-

ten wichtig) und ein Abgasknie verfügt. Diese Komponenten gibt es im Zubehörhandel (z.B. bei der Firma VETUS, siehe *Anbieterverzeichnis*).

3.3.6. Luft/Treibstoffversorgung

Die Versorgung des Dieselmotors mit Luft und Treibstoff ändert sich im Zuge einer Marinisierung nur wenig. Der serienmäßige Luftfilter aus dem Spenderfahrzeug kann beibehalten werden, sofern der Platz für seinen Einbau reicht, ansonsten gibt es eine Reihe Alternativen von der Stange. Da die Umgebungsluft in der Regel sehr sauber ist, sind die Filter ohnehin mehr oder weniger arbeitslos. Sofern die Kurbel- oder Ventildeckelentlüftung serienmäßig in den Luftfilter erfolgt, so sollte dies auch beim marinisierten Motor beibehalten werden. Beim VW 068 z.B. erfolgt die Ventildeckelentlüftung in einen separaten Behälter.

Tiefere Eingriffe sind bei der Treibstoffversorgung erforderlich. Dies liegt daran, dass Bootstanks wesentlich leichter und stärker verschmutzen als etwa die Tanks von PKW. Bootsbesitzer tanken oft aus schmutzigen Dieselkanistern und über die Jahre sammelt sich zwangsläufig Dreck am Boden der Tanks, der irgendwann (durch Seegang oder auch nur durch einen neuen Tankvorgang) aufgewirbelt und in Richtung Motor transportiert wird, bis er Leitung, Einspritzdüsen oder Filter verstopft. Hinzu kommt das Problem der Kondenswasserbildung im Tank, das wegen der großen Temperaturunterschiede auf dem Wasser und dem geringeren Durchsatz jedenfalls bei Wahl eines Metalltanks wesentlich größer als etwa beim PKW ist. Das ordentliche Filtern und Entwässern des Dieseltreibstoffs im Boot ist also wichtig. Wenn man bedenkt, dass gerade starker Seegang zur Verwirbelung von Schmutz im Tank und damit zur Verstopfung de sehr empfindlichen Einspritzdüsen führen kann, wird klar, dass die ordentliche Filterung des Diesels ein elementares Sicherheitselement ist. Der am Spendermotor serienmäßig vorgesehene Filter genügt diesen Anforderungen nicht; wenn er verstopft oder mit Kondenswasser überflutet ist, fällt die Maschine aus. Dann muss sofortige Abhilfe möglich sein, und die besteht nur bei Installation einer Mehrfach-Filteranlage. Hier kann mit einfachem Handgriff von einem Filter zum anderen geschaltet werden und die Maschine so wieder in Gang gesetzt werden. Mehrfachfilteranlagen gibt es von allen größeren Filterherstellern zu kaufen. Diese Anlagen müssen im Maschinenraum so untergebracht werden, dass man sie schnell erreichen kann. Zu beachten ist ferner, dass der Filter über einen Wasserabscheider verfügt, den man leicht bedienen kann. Braucht man zum Wasserablassen, wie in manchem PKW mittlerweile üblich, erst passendes Werkzeug, ist die Vorrichtung im Boot nicht zu gebrauchen.

Ein kurzes Wort noch zum Treibstoffrücklauf. Die Einspritzpumpe fördert in aller Regel wesentlich mehr Diesel, als der Motor zur Verbrennung benötigt. Im Teillastbetrieb verbrennt der Motor manchmal nur 10-20 % der geförderten Dieselmenge. Der Rest wird über die Rücklaufleitung in den Tank zurückgepumpt. Dies birgt Tücken, wenn man über mehrere Tanks verfügt. Geht der Rücklauf nur in einen Tank und fährt man aus einem anderen, ist dieser überraschend schnell leer, während der andere überläuft. Es ist daher sinnvoll, die Rücklaufleitung so zu verlegen, dass man sie zwischen den Tanks - genau wie den Zulauf - umschalten kann,

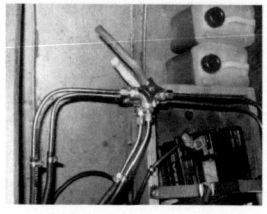

oder man verbindet die Tanks durch eine (im Notfall absperrbare!) Ausgleichsleitung. *Links* ist eine handelsübliche Doppel-Umschaltanlage (Oben: Förderleitung, unten: Rücklauf) zu sehen.

3.3.7. Getriebe

Getriebe ist ein viel zu kurzer und im Grunde auch beschönigender Begriff für das, was uns als nächstes erwartet: Wir müssen ein Getriebe, die Getriebeglocke, die Dämpferplatte und in vielen Fällen auch noch ein Adaptergehäuse beschaffen, und, schlimmer noch, das alles muss auch noch zueinander passen. Im Ernst: Wer vor der Aufgabe steht, all dies zu koordinieren, mag sich wie in Babylon vorkommen. Jeder spricht mit einer anderen Sprache, keiner versteht den anderen, nichts scheint zu passen.

Zunächst kann das Autogetriebe getrost demontiert werden; es ist unter keinen Umständen im Boot zu gebrauchen. Das gleiche gilt für die Kupplungsglocke und die Kupplung. Letztere sollte man aber noch nicht sofort wegschmeißen, unter Umständen benötigt man deren Bohrungen und Maße für die Anpassung der Dämpferplatte.

3.3.7.1. Verstellpropeller oder Getriebe?

Das Getriebe hat zwei Funktionen: Es reduziert (untersetzt) eine für die Schraube immer zu hohe Motordrehzahl und es sorgt dafür, dass von Vorwärts nach Rückwärts umgesteuert werden kann. Zumindest letzte Funktion erübrigt sich, wenn man über einen Verstellpropeller oder einen Drehflügelpropeller verfügt: Diese sorgen allein durch die Verstellung oder Drehung der Propellerflügel für eine Verteilung der Kraft nach achtern, nach vorne bzw. für eine Neutral- und Segelstellung (letzteres fehlt bei der Variante des Drehflügelpropellers). Indes: eine Untersetzung der von Hause aus zu hohen Drehzahlen moderner Dieselmotore ist auch hier erforderlich, so dass auch bei Verwendung eines Verstellpropellers zumindest ein Reduziergetriebe erforderlich ist. Hinzu kommt, dass Verstellpropeller teuer sind und letztlich – neben großen Schiffen – in erster Linie in Hochleistungs-Segelyachten eingebaut werden, wo die Segelstellung der Flügel das letzte Quäntchen Geschwindigkeit beschert. Für den Normalverbraucher ist das nichts, zumal sich die Kosten für das Reduziergetriebe und den Verstellpropeller auf ein Vielfaches einer normalen Getriebeanlage mit Festpropeller belaufen.

3.3.7.2. Getriebewahl

Die Getriebewahl richtet sich nach folgenden Kriterien:

- Motorleistung
- Drehmoment
- Getriebeeingangsdrehzahl

- Einbauverhältnisse

Die Leistung, die Getriebe „verdauen", beginnt bei etwa 0,3 kW/100 Umdrehungen/Minute, dies entspricht bei einer Motordrehzahl von 3.000 U/min etwa 9 kW. Nach oben gibt es keine praktisch relevante Grenze. Bei der maximalen Getriebeeingangsdrehzahl ist es umgekehrt: Sie sinkt mit zunehmender Größe des Getriebes ab. Mit den Leistungsdaten des Motors muss man also die Getriebehändler abklappern. Für den Bereich der „Massenmotorisierung" von 20 bis 80 kW hat ohnehin jeder etwas Passendes auf Lager.

Das bringt uns zum nächsten Kriterium, der Größe. Innerhalb der jeweiligen Leistungsklasse gibt es, grob gesagt, zwei Generationen von Getrieben: die alten, in den Fünfzigern und Sechzigern entwickelten Getriebe und die oftmals nicht einmal halb so großen „Neuentwicklungen", wobei das Wort neu relativ ist, wenn man damit eine Konstruktion kennzeichnet, die 20 Jahre alt ist. Wie auch immer: Wer beengte Platzverhältnisse vorfindet, der sollte lieber gleich zum kleineren Getriebe greifen, zumal damit keinerlei Nachteil verbunden ist. Für viele Einheiten gibt es auch Anschlüsse für Z-Antriebe, dazu aber später (*Ziff. 2.2.9 in diesem Kapitel*). Von Bedeutung ist schließlich, ob das Getriebe abgewinkelt ist oder nicht; hier muss man vor dem Kauf unbedingt die exakten Einbauverhältnisse in seinem Boot eruieren. Das Stevenrohr lässt sich nur in den seltensten Fällen nachträglich versetzten!

Ein Sonderfall sind V-Getriebe. Dort sitzt das Getriebe vor dem Motor und die Welle führt unter diesem durch nach achtern; eine Konstellation, die wirklich nur bei allerschwierigsten Einbauverhältnissen realisiert werden sollte. Die wenigen zur Verfügung stehenden V-Getriebe sind zudem teuer und der Einbau ist etwas für Schlangenmenschen. Wo es Alternativen gibt, sollte man zudem die Finger von hydraulischen Getrieben lassen. Sie benötigen immer eine separate Ölkühlung, sind also aufwendiger, und lassen sich ohne Motorleistung (= Öldruck) nicht mechanisch festsetzen, ein Umstand, der den sportlichen Segler oder denjenigen, der sein Boot in Tidegewässern festmacht, zur Weißglut bringen kann, da die Welle endlos weiter rumpelt. Die Vorteile (etwas größere Laufruhe, leichtere Einstellbarkeit der Getriebebetätigung) scheinen demgegenüber im normalen Einsatz auf kleineren Sportbooten nicht ausschlaggebend zu sein.

3.3.7.3. Übersicht Bootsgetriebe

Die nachfolgende Liste enthält die hierzulande gebräuchlichsten lieferbaren Getriebetypen. Die Untersetzungsverhältnisse werden nicht angegeben, da bei allen Typen praktisch alle erforderlichen Übersetzungen lieferbar sind. Soweit in den Spalten Leistung und Abmessungen von/bis Daten angegeben sind, beziehen sich diese auf Versionen mit unterschiedlichen Übersetzungen.

Der Markt für Bootsgetriebe ist im Übrigen kleiner geworden. Hurth, früher eine bedeutender Anbieter, ging in ZF auf und PRM vertreibt in Deutschland auch die Produkte von Velvet. Der Wettbewerb ist also weniger intensiv als er auf den ersten Blick erscheint.

Bootsgetriebe

	1	2	3	4	5	6	7
ZF-Marine (Hurth)							
5M (50)	m	8	62	0	5000	155	0,5-0,7
10M (100)	m	10	62	0	5000	180	0,9-1,4
12M (125)	m	13	72	0	5000	192	1,5-1,8
15M (150)	m	13	72	0	5000	192	2
15MIV (150V)	m	20	147	15	5000	265	1,5-2
15MA (150A)	m	13	94	0	5000	194	1,5-2
25m (250)	m	18	85	0	5000	218	2,4-3,6
12 (125H)	h	13	72	0	5500	203	1,5-1,8
25 (250H)	h	25	88	0	5500	296	3,4-4,4
25A (250A)	h	24	216	8	5500	216	3,4-4,4
45 (450H)	h	60	151	0	5500	296	6,3
45A (450A)	h	28	228	8	5500	228	5,9-6,3
63 (630H)	h	64	126	0	5500	322	7,9-9,6
63A (630A)	h	44	265	8	5500	265	8,4-9,6
80A	h	62	291	8	4500	291	11,4-
220	h	63	135	0	4500	135	11,5-
220A	h	50	246	10	4500	246	11,5-
280	h	73	246	0	3200	146	15,3-
280A	h	73	280	7	3200	280	16,2-
301A	h	90	324	10	3000	324	17,2
PRM							
80	m	12	72	0	5000	196	0,9-1,3
120	m	16	72	0	5000	216	1,3-1,7
150	h	21	74	0	5000	216	2,1
260	h	48	89	0	4500	293	3,6
500	h	68	121	0	4500	314	6,2-6,4
750	h	72-80	121-	0	4500	314	8-10,5
750A	h	90	76	8	4500	413	8-9,6
1000	h	86-93	135-	0	3500	305	11,5-
1000A	h	118	86	10	3500	406	11,5-
1500SC	h	260	188	0	3000	513	18,9-21
1500DC	h	300	248	0	3000	513	18,3-21
Techno							
345A	h	25	111	8	4500	224	2,9-4,8
Twin Disc							
506	h	105	0	0	3000	255	10-11,3
506A	h	120-	37-39	10	3000	264-	10-11,3
5050	h	80	134	0	3300	325	11,4
5050A	h	80	140	10	3300	307	11,4-13
5061	h	98	144	0	3200	335	14,3
5061A	h	91	146	7	3200	318	15,3-
Velvet							
71	h	40-60	0	0	5000	267-	5,7
72	h	49	0	0	5000	291	8,6
72V	h	69	0	0	5000	452	7,1-8,6
5000	h	49	151	8	5000	228	8,5-9,6
Technodrive							
TM 93	h	51	0	0	n.b.	n.b.	n.b.
TM 93A	h	51	0	8	n.b.	n.b.	n.b.
TM 170	h	75	0	10	n.b.	n.b.	n.b.
TM 200	h	220	0	0	n.b.	n.b.	n.b.
TM 265A	h	165	0	7	n.b.	n.b.	n.b.
TM265	h	165	0	0	n.b.	n.b.	n.b.
TM 360	h	415	0	0	n.b.	n.b.	n.b.
TM 345A	h	25	0	8	n.b.	n.b.	n.b.
TM 545A	h	36	0	8	n.b.	n.b.	n.b.

3.3.7.4. Bezugsquellen für Getriebe

Wer nicht auf den Euro schauen muss, findet beim Getriebehändler in den gelben Seiten sicher sofort etwas Passendes. Und: Schiffsgetriebe müssen gar nicht so teuer sein. Gut, sie sind auch relativ simpel aufgebaut und enthalten im Vergleich zu einem modernen Autogetriebe nur einen Bruchteil von dessen Teilen, aber dennoch kann man sich des Eindrucks nicht erwehren, dass die den Sportschiffer sonst so beutelnde Vergoldungswelle an Getrieben etwas vorübergegangen ist. Dies mag etwas mit dem Alter der Konstruktionen zu tun haben, die Maschinenanlagen für ihre Herstellung dürften vielfach abgeschrieben sein.

Wem ein neues Getriebe dennoch zu teuer ist, der sei auf ein Secondhand-Gerät verwiesen, deren Verfügbarkeit freilich erfahrungsgemäß gering ist. Genau das passende Getriebe bei EBAY oder im SPORTSCHIPPER zum Schnäppchenkurs zu schießen, ist wohl nur Sache eines echten Glückspilzes. Und auch der sei gewarnt: Getriebe können unter Zahnausfall leiden. Wenn der Skipper wiederholt von voll voraus zu voll zurück geschaltet hat, weil er selber zu voll war, um den Verkehr abschätzen zu können, kann das Getriebe schwere Schäden davongetragen haben, die sich manchmal erst im Betrieb unter Last offenbaren.

3.3.7.5. Dämpferplatte und Adapter

Wenn das Getriebe beschafft ist, kann man versuchen, es zu montieren. Diese defätistische Ausdrucksweise ist nicht zufällig gewählt. Versuch ist der richtige Ausdruck. Weder Motoranschlüsse noch Getriebeanschlüsse sind genormt, hier passt – nichts. Und auch der Getriebehändler, in Sachen Getriebeadapter erster Ansprechpartner, ist manchmal überfordert. Hier hilft dann nur ausprobieren.

Zunächst muss die Dämpferplatte auf das Schwungrad des Motors montiert werden. Schon dies gleicht gelegentlich einem Vabanquespiel, weil die Bohrungen auf der Platte nicht immer mit den Schraublöchern im Schwungrad fluchten. Wenn dann auch der Zentrierstift nicht passt, schließt man schnell innige Bekanntschaft mit einem Schlosser.

Die Dämpferplatte dient mit ihren Feder-, Gummi- oder – neuerdings - Kunststoffelementen dem Abbau von Resonanzschwingungen, die jeder Motor zwangsläufig erzeugt und die im Fahrzeug von der Kupplung absorbiert werden. Sie koppelt das Schwungrad mechanisch von der Getriebeeingangswelle ab, die von einem gedämpften und abgefederten Element im Zentrum der Dämpferplatte aufgenommen wird. Moderne Leichtbau-Dämpferplatten der jüngsten Generation arbeiten gar mit zweistufigen Dämpferelementen. Bei einigen kleineren Motoren – dem Ford XLD und dem Peugeot XUD zum Beispiel – genügt die Montage einer Dämpferplatte nicht, diese Maschinen neigen zu starken Resonanzschwingungen, die

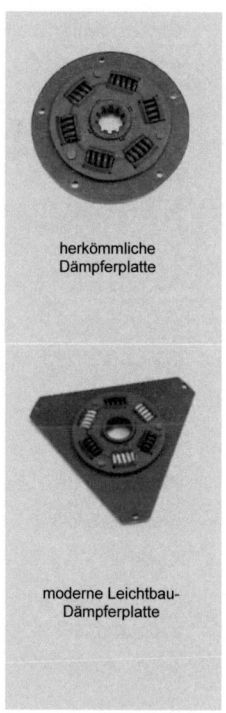

herkömmliche Dämpferplatte

moderne Leichtbau-Dämpferplatte

ein zusätzliches Gewicht (Massering) zwischen Schwungrad und Dämpferplatte erforderlich machen. Beides, Dämpferpatte und Massering, erhält man beim Getriebehändler oder beim Spezialisten für Dämpferplatten (siehe *Anbieterverzeichnis*)

Als nächstes wird das Getriebe-Anschlussgehäuse montiert. Es entspricht in etwa, jedenfalls äußerlich, dem Kupplungsgehäuse am Fahrzeug, welches aber aus zwei Gründen unbrauchbar ist: Erstens passen die Anschlüsse nicht an das Bootsgetriebe, zweitens sind Kupplungsglocken häufig zu voluminös für die vergleichsweise kurzen Getriebeeingangswellen von Wendegetrieben. Also muss zwangsläufig ein maßgeschneiderter Adapter von Getriebehändler her, der oftmals selber noch nicht ausreicht, weil (z.B. beim VW 068) noch ein weiterer Getriebeadapter erforderlich ist. Der Grund: gerade diese Maschine wird sehr häufig „zweckentfremdet", und das nicht nur für Boote, so dass es mittlerweile unzählige Adapter für alle möglichen Einsatzzwecke gibt. Das hat dazu geführt, dass es einfacher war, einen Adapter für den (bereits existierenden) Adapter zu bauen. Technisch kein Problem, aber jedes weitere Teil kostet Geld und Zeit bei der Montage.

Bei der Installation des Getriebeanschlussgehäuses wird man unter Umständen feststellen, dass nicht genügend Platz für die (bereits angeschraubte) Dämpferplatte ist, was weitere aufwendige Improvisationen notwendig macht. So gibt es Diesel der Mercedes OM 615-Serie, bei denen das Schwungrad etwas weiter nach hinten heraussteht als bei anderen Motoren der gleichen Serie. Wer solch eine Maschine erwischt hat, wird jetzt laut fluchen – und seinen neuen Freund, den Schlosser aufsuchen und einen Distanzring anfertigen lassen. Wohl dem, der in dieser Situation über eine Drehbank verfügt!

Auch die Länge der Getriebeeingangswelle kann Probleme bereiten. Sie kann sich als zu kurz erweisen. Dann kann ein Distanzring zwischen Schwungrad und Dämpferplatte Abhilfe schaffen, was wiederum nur funktioniert, wenn der Getriebeanschlussadapter hinreichendes Volumen aufweist. Hier ist Fummelarbeit angesagt, aber irgendwann ist es dann doch geschafft.

3.3.8. Welle und Schraube

Welle und Schraube haben mit der Marinisierung von Motoren nur am Rande etwas zu tun, deshalb sei dieses Thema hier nur gestreift.

Zunächst muss die Schraubengröße und Steigung berechnet werden; hierfür sind - neben den Daten des Bootes natürlich - die Leistung des Motors und die Getriebeübersetzung erforderlich. Auch Fachleute tun sich hier oftmals schwer, die Wahl der richtigen Schraube ist oftmals Erfahrungs- und Glücksache.

Als erstes wird die erforderliche Steigung ermittelt, hierfür benötigt man die LWL (Länge in der Wasserlinie) des Bootes und die Wellendrehzahl bei Volllast. Zunächst wird aus der LWL die Rumpfgeschwindigkeit des Bootes ermittelt (2,3 - 2,6 x Wurzel aus 7,3) und in m/s umgerechnet (Beispiel: LWL 7,3 m = 6,21 - 7,02 kn, Mittelwert 6,6 kn = 3,39 m/s), anschließend die Propellerdrehzahl ermittelt (Nenndrehzahl des Motors geteilt durch Getriebeübersetzung, ebenfalls umgerechnet in

U/s), danach gerechnet: Rumpfgeschwindigkeit ./. Wellendrehzahl x 40% Schlupf = Steigung (Beispiel: 3,39 m/s Rumpfgeschwindigkeit ./. 20 U/s x 40% Schlupf = 28,25 cm oder 11,02 Zoll.

Allein der Wert für den Propellerschlupf ist natürlich nur annährend zu ermitteln und vielfach Erfahrungssache, weshalb hier fast immer Profihilfe erforderlich ist. Das gilt erst recht für die Berechnung des erforderlichen Propellerdurchmessers (Berechnungsformeln hierzu finden sich z.B. bei REINKE/LÜTJEN/MUHS, Yachtbau, Delius Klasing Verlag).

Weiterhin müssen später, beim Einbau in das Schiff, Motor und Getriebe unbedingt genau ausgerichtet werden, falls keine Kardan-Gelenkwelle vorgesehen ist. Die elastische Gummikupplung zwischen Welle und Getriebeausgang ist zur Kompensation des Axialspiels nicht bzw. nur in sehr geringem Maße (maximal 5 Grad, je nach Ausführung) in der Lage! Sie soll allein Schwingungen dämpfen, mehr nicht. Die Welle muss zunächst getriebeseitig zentriert werden und anschließend die Motorfundamente so ausgerichtet werden, dass zwischen hinterem Getriebeflansch und Welle kein Versatz zu beobachten ist. Das Lagerspiel der Welle (man rechnet mit 0,1 mm bei intakten Lagern) und das zwangsläufige Spiel der elastischen Motorfundamente lassen dieses Manöver zu einem Geduldsspiel werden. Besser, man verwendet gleich ein Kardangelenk oder eine elastische Wellenkupplung, sofern der Platz hierfür ausreicht. Kardangelenke setzen aber immer die Verwendung eines Drucklagers voraus.

3.3.9. Z-Antrieb, Saildrive

Eine vergleichsweise geringe Bedeutung bei der Marinisierung von Dieselmotoren spielt der Z-Antrieb. Grund: Er findet fast ausschließlich Anwendung bei schnellen Gleitern (wo er unter anderem wegen der dort erwünschten Gewichtsverlagerung nach achtern sinnvoll ist). Diese Fahrzeuge benötigen jedoch in aller Regel Motoren einer Größe von 100 kW und mehr, die sich nicht mehr ohne weiteres in Heimarbeit marinisieren lassen. In Verdränger passt der Z-Antrieb konstruktiv nicht, man findet ihn daher auch nur in seltenen Ausnahmefällen.

Z-Antrieb von SternPowr (USA)

Die Firma STERN POWR (siehe: *Anbieterverzeichnis*) liefert universelle Z-Antriebe für Motore von 50 kW bis ca. 300 kW; die Schafthöhe beträgt zwischen 330 und 380 mm. Man kann nahezu jede Antriebseinheit mit diesem Z-Antrieb koppeln, notfalls auch über eine Welle. Sinn macht das Ganze aber, wie gesagt, nur bei einem starken Gleiter.

Der Saildrive wiederum spielt bei der Marinisierung zurzeit praktisch keine Rolle, weil er als reiner Segelbootantrieb mit Maschinen der niedrigen Leistungsklasse kombiniert wird, deren hobbymäßige Marinisierung nicht möglich ist (siehe: *Kapitel III, Ziff. 1.5.1*).

3.3.10. Armaturen

Zur Überwachung und Regelung des marinisierten Motors werden folgende Komponenten gebraucht:

- Drehzahlmesser
- Kühlwasserthermometer
- Betriebsstundenzähler
- Akustischer Warner für Kühlwassertemperatur
- Ölthermometer
- Voltmeter (für jede Batterie eines)
- Amperemeter
- Zündschloss
- Ladekontrollleuchte
- Öldruckkontrollleuchte
- Ggf.: Vorglüh-Kontrollleuchte
- Ggf.: Vorglühschalter
- Ggf.: Stopp-Schalter

Ob man eine fertige Armaturentafel kauft oder sich selber herstellt, ist Geschmack- und Preisfrage. Aber: Auch gekaufte Tafeln müssen verkabelt werden, da kann man das Armaturenbrett auch gleich selber herstellen und erhält so ein maßgeschneidertes Ergebnis. Die Überwachungsinstrumente kann man aus dem PKW-Zubehörhandel nehmen, sofern sie vor Spritzwasser geschützt eingebaut werden können (z.B. im geschlossenen Ruderhaus), andernfalls, etwa in der offenen Plicht eines Seglers, muss man auf die teureren vor Spritzwasser geschützten Instrumente aus dem Bootszubehörhandel (z.b. VDO-Marine) zurückgreifen.

Im Einzelnen:

- Ein **Drehzahlmesser** ist unbedingt erforderlich, da nur er zuverlässig Aufschluss darüber gibt, welche Leistung die Maschine abgibt, ob die gewählte Getriebe/Schrauben-Kombination passt und ob die Maschine wirtschaftlich läuft. Unbedingt auf den Anzeigebereich des Drehzahlmessers achten, er sollte in etwa mit dem nutzbaren Drehzahlband der Maschine übereinstimmen. Alle nutzbaren Motore unterstützen elektronische Drehzahlmesser. Regelmäßig werden diese an die Klemme „W" der Drehstrom-Lichtmaschine angeschlossen. Außerdem muss der Drehzahlmesser einstellbar sein. Die Abgleichung kann dann mit einem optischen Drehzahlmesser erfolgen (gibt es sehr preiswert z.B. für Modellbauer).

- **Kühlwasserthermometer** und **Ölthermometer** sind naturgemäß unverzichtbar. Das gleiche gilt **für den akustischen Temperaturwarner.** Geber für diese Instrumente gibt es beim BOSCH-Dienst von der Stange, hat die Maschine keine (oder nicht genügend) Anschlussmöglichkeiten, kann man sich etwa bei der Kühlwasserüberwachung mit einem Metallrohr behelfen, das in den Kühlwasserschlauch montiert und mit entsprechenden Gewinden für die Geber versehen wird.

- Der Sinn des **Betriebsstundenzählers** besteht darin, Auskunft darüber zu geben, wie lange die Maschine gelaufen ist und wann die nächste Wartung erforderlich ist. Der Betriebsstundenzähler kann auch im Motorraum installiert werden.

- **Voltmeter** sind unbedingt sinnvoll, da sie Auskunft über den Ladezustand der Batterien geben. Je Batterie eines installieren (oder ein Voltmeter mit Umschalter). Die modernen digitalen Voltmeter mit Flüssigkristallanzeige und zwei Dezimalstellen hinter dem Komma sind vorzuziehen, da sie wesentlich präzisere Werte liefern als die herkömmlichen analogen Geräte.

- Das **Amperemeter** gibt Aufschluss darüber, wie stark die Lichtmaschine gerade die Batterien lädt bzw. wie stark die Batterien entladen werden. Dies zu wissen ist sinnvoll, denn nur so erfährt man rechtzeitig, ob (zu?) starke Stromverbraucher eingeschaltet sind und ob Lichtmaschine und Regler korrekt funktionieren.

- Beim **Zündschloss** sollte man darauf achten, dass es eine Stellung für „Zubehör" aufweist, bei der Strom entnommen werden kann, ohne dass die Motorelektrik aktiviert ist. Auch sollte es eine Vorglüh-Stellung aufweisen, die dann auch bei älteren Mercedes-Dieseln den separaten Vorglüh-Zugschalter überflüssig macht.

- Die **Kontrollleuchten** sollten generell so groß und hell sein, dass man sie auch im hellen Sonnenlicht noch gut erkennt. Die für Ladung und Öldruck müssen rot sein.

- Der separate **Vorglüh-Zugschalter** (in erster Linie aus alten Mercedes-Motoren bis ca. 1972 bekannt) kann generell entfallen, wenn man ein Zündschloss mit Vorglühstellung besitzt.

- Der **Stopp-Knopf** ist überall da erforderlich, wo der Motor nicht mittels Zündschlüssel oder Seilzug abgestellt werden kann.

3.3.11. Elektrik

Wenn die Montage der „Hardware" beendet ist, geht an die von vielen (zu Unrecht) so gehasste Elektrik. Schiffselektrik ist einfach und folgt logischen Gesetzen, ist also viel simpler als etwa der Umgang mit dem anderen Geschlecht. Was will man mehr?

Im Folgenden wieder nur die Grundzüge dargestellt, wie Motore und ihre Komponenten angeschlossen werden. Grundlagen der Elektrik werden nicht vermittelt. Wer nicht weiß, wo welche Verbraucher wie abgesichert werden müssen oder welche Kabelquerschnitte erforderlich sind, muss sich anderweitig kundig machen.

3.3.11.1. Batterien

Fangen wir mit dem einfachsten an: Der Batterie. Der Minuspol der Batterie wird mit dem Motorblock (niemals dem Schiffsrumpf!) verbunden. Über einen Hauptschalter wird der Pluspol der Batterie mit dem Zündschloss verbunden. Eine separate Leitung geht zum Hauptstromverbraucher, dem Anlasser (dort Klemme 30). Vom Zündschloss wird der Strom über Sicherungen an die Verbraucher verteilt. Der Hauptschalter ist erforderlich, um die Batterie im Notfall (Brand) isolieren zu können. Außerdem verhindert er eine schleichende Entladung bei längerer Nichtbenutzung.

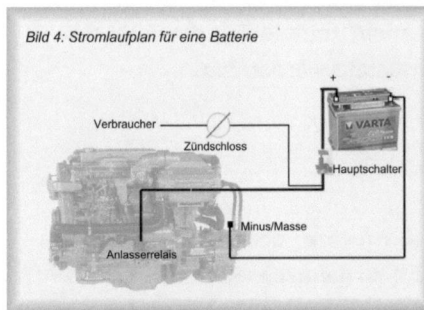

Bild 4: Stromlaufplan für eine Batterie

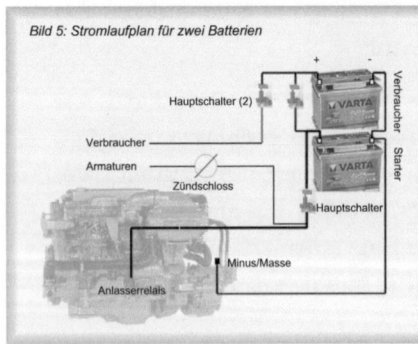

Bild 5: Stromlaufplan für zwei Batterien

Etwas komplizierter sieht es aus, wenn zwei Batterien verwendet werden, eine zum Starten und eine für die Stromverbraucher. Bei der Installation von zwei Batterien muss das Kabel von B+ im Prinzip an beide Batterien geführt werden, was allerdings den unschönen Effekt hätte, dass damit die gewünschte Isolierung beider Batteriesätze (ist die Verbraucherbatterie leer, kann immer noch mit der Starterbatterie gestartet werden) aufgehoben würde. Deshalb muss in die Leitung zur Verbraucherbatterie in diesem Fall eine Trenndiode (oder Trennrelais) geschaltet werden, die den Strom nur in einer Richtung (von der Lichtmaschine zur Batterie) passieren lässt (vgl. *Bild 6*). Die gewünschte Isolierung der Batterien ist so wieder hergestellt; gleichwohl werden beide geladen. Die Verkabelung der Starterbatterie ändert sich nicht, aus ihr werden nur nicht mehr die motorunabhängigen Stromverbraucher (Lampen, Kühlschrank etc.) gespeist. Hierfür ist die separate Verbraucherbatterie zuständig. Es ist sinnvoll, beide Batteriesätze mit einem dritten Hauptschalter zu verbinden, um im Notfall (entladene oder defekte Starterbatterie) mit der Verbraucherbatterie starten zu können. Je nach Strombedarf können mehrere Verbraucherbatterien in Reihe geschaltet werden.

Die Größe der Starterbatterie ist im Übrigen nicht frei wählbar – sie muss zum Anlasser passen. Zu groß dimensionierte Batterien lassen den Anlasser geradewegs durchglühen, da Batterien größerer Kapazität einen geringeren Innenwiderstand als kleine Batterien aufweisen und damit weniger Spannung in der Batterie selber verloren geht. Entsprechend mehr kommt im Anlasser an, was dieser – bei kräftiger Überdosierung und längerem Orgeln – mit dem Hitzetod bestraft. Wenn die zulässige Batteriegröße nicht bekannt ist, kann man sich mit den Leistungsdaten des Anlassers beim BOSCH-Dienst erkundigen.

3.3.11.2. Lichtmaschine und Anlasser

Nun muss die Batterie (oder gar beide) geladen werden. Dazu dient die Lichtmaschine, die sinnvollerweise (wie heute fast immer der Fall) über einen in das Gehäuse integrierten Regler verfügt. Dieser sorgt dafür, dass die Ladespannung etwa 14,4 V nicht übersteigt. Wäre dies der Fall, würde die Batterie Schaden nehmen. Der Kontakt B+ der Lichtmaschine wird mit Batterie+ verbunden, D+ wird mit der Ladekontrolllampe verbunden, die ihrerseits Spannung vom Zündschloss (Klemme 15) erhält. Der Anschluss Klemme W wird mit dem Drehzahlmesser verbunden. Wenn die Lichtmaschine über keinen integrierten Spannungsregler verfügt, muss ein solcher separat zwischen Batterie und Lichtmaschine angeschlossen werden, über Überspannungen zu vermeiden. Der Anlasser bezieht seinen Strom zum Drehen des Ritzels direkt aus der Starterbatterie (vgl. Bild 6). Anders ließen sich die großen Strommengen nicht bewältigen. Allerdings benötigt er bzw. das Anlasserrelais hierfür noch den Induktionsstrom. Dieser wird über das Zündschloss bezogen. Das auf dem Anlasser montierte Anlasserrelais erhält Spannung vom Zündschloss (Klemme 50 oder A). Der Anschluss am Anlasser ist ebenfalls Klemme 50. Falls vorhanden, muss Klemme

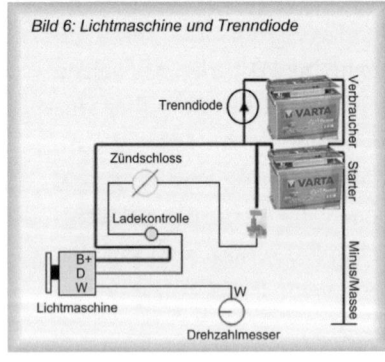

Bild 6: Lichtmaschine und Trenndiode

51 am Anlasserrelais an Masse (schwarz) gelegt werden (Häufig erfolgt der Massekontakt über die Schraubverbindung des Anlassers mit dem Motorblock).

Wer über viele Stromversorger an Bord verfügt, sollte über die Anschaffung eines Hochleistungs-Reglers für die Lichtmaschine nachdenken. Diese sind speziell für die rasche und vollständige Ladung auch stark entleerter Batterien konzipiert, anders als Serienregler, die aus dem Automobilbau stammen und relativ rasch den verfügbaren Ladestrom herunterregeln, auch wenn die Batterien noch nicht voll sind.

3.3.11.3. Vorglühanlage

Viele der hier besprochenen Dieselmotore benötigen eine Vorglühanlage. Dies trifft auf alle Vorkammer-Diesel zu, aber auch alle größeren Direkt-Einspritzer besitzen eine Vorglühanlage für tiefe Temperaturen. Man unterscheidet zwischen der (herkömmlichen) Reihenglühanlage und der moderneren Schnellglühanlage. Erstere findet sich z.B. serienmäßig im Mercedes OM 636. Mit der Vorglüh-Stellung am Zündschloss (oder einem separaten Vorglühschalter) wird Strom auf die Klemme 86 des Vorglührelais geführt (dessen Klemme 87 an Masse führt). Das Vorglührelais öffnet und Strom fließt von der Batterie über den Glühwendel (Glühkontrolle am Armaturenbrett) nacheinander durch die in Reihe geschalteten Glühkerzen.

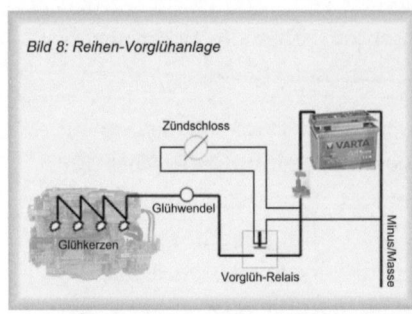
Bild 8: Reihen-Vorglühanlage

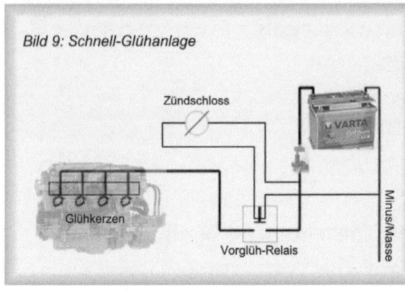
Bild 9: Schnell-Glühanlage

Am Ausgang der letzten Glühkerze muss eine Masseverbindung zum Block hergestellt werden. Eine unangenehme Besonderheit dieser Art des Vorglühens besteht darin, dass der Ausfall einer Glühkerze (oder des Glühwendels, der nichts weiter als ein zusätzlicher Widerstand ist) immer zum Ausfall der gesamten Anlage führt, da die Kerzen in Reihe geschaltet sind. Dies ist bei der Schnellglühanlage anders. Hier sind die Glühkerzen nicht in Reihe geschaltet, sondern parallel. Das Massekabel am Ende entfällt, die Masseverbindung wird über den Kontakt jeder einzelnen Kerze mit dem Motorblock (Kerzengewinde) hergestellt. Die Glühkontrolle erfolgt dort über eine separate Kontrollleuchte.

3.3.11.4. Abschalt-Vorrichtung

Sofern die Maschine nicht mit einer Reiheneinspritzanlage versehen ist (die mit dem Zündschlüssel gestartet und gestoppt wird), ist ein separater Stopp-Schalter vorzusehen. Diese Motore (insbesondere die Mercedes OM 6er Reihe) verfügen am hinteren Ende der Einspritzpumpe über einen Hebel, der die Kraftstoffzufuhr unterbricht. Diesen Hebel kann man auf drei verschiedene Arten betätigen: Durch einen Seilzug, durch einen Elektromagneten oder mittels einer Pneumatik. Letztere ist für das Boot nicht zu gebrauchen, da uns kein Unterdruck zur Verfügung steht. Der Seilzug würde funktionieren, ist aber meist umständlich einzubauen. Es bleibt der elektromagnetische Schalter, der über einen Betätigungsknopf am Armaturenbrett (möglichst in der Nähe des Zündschlosses) betätigt wird. Seine Schaltung ist denkbar einfach: Die Spannungsversorgung erfolgt über das Zündschloss (Klemme 15). Ein Federkontaktschalter löst den Magnetschalter aus, dessen Zugstange wiederum den Abschalthebel der Einspritzpumpe betätigt. Magnetschalter gibt es von der Stange bei guten Schiffselektrikern und BOSCH-Diensten. Die Schalter haben eine recht hohe Stromaufnahme, weshalb sie so geschaltet werden sollten, dass ihre (ohnehin kurzzeitige) Betätigung nur möglich ist, wenn sich das Zündschloss in Fahrstellung befindet.

3.3.11.5. Überwachungsinstrumente

Der elektrische Anschluss der Überwachungsinstrumente folgt immer dem gleichen Schema:

Anzeigeinstrumente (Drehzahlmesser, Temperaturmesser, Voltmeter, Amperemeter) erhalten ihre Spannung vom Zündschloss (dort Klemme 15). Der Masseanschluss wird an der Maschine durchgeführt. Auch bei einem Stahlboot darf die Masse keinesfalls an den Rumpf geführt werden! Der Masseanschluss wäre zwar auch dort sichergestellt (sofern die Maschine mit einem

Masseband mit dem Rumpf verbunden ist), aber der Stromfluss würde zu einer massiven Zunahme der galvanischen Korrosion am Rumpf führen. Deshalb der Rat: Wo - wie an der Armaturentafel – viele Masseanschlüsse benötigt werden, ein solides Massekabel von der Maschine heranführen und an Ort und Stelle mit einer Verteilerleiste versehen.

Dann fehlen nur noch die Geber. Beim Drehzahlmesser erfolgt der Anschluss meist an der Klemme W der Lichtmaschine, für Temperaturmesser bzw. Druckmesser müssen jeweils spezielle Geber montiert werden, deren Bauart und Einbaulage von Maschine zu Maschine abweichen.

Etwas anders gestaltet sich der Anschluss des Voltmeters: Hier ist natürlich kein eigener Geber erforderlich, dafür sollte das Spannung führende Kabel möglichst nicht über das Zündschloss laufen, sondern direkt vom Hauptschalter (geschaltete Seite!) der jeweiligen Batterie geholt werden. So lässt sich der Batteriezustand aus erster Hand und ohne lästiges (und möglicherweise das Ergebnis verfälschendes) Einschalten der Zündung kontrollieren.

Der Anschluss der Ladekontrollleuchte und der Vorglüh-Kontrolle wurde bereits erläutert.

V. MARINISIERUNG VON BENZINMOTOREN

Die Marinisierung von Benzinmotoren erfolgt im Wesentlichen dem gleichen Schema wie die von Dieselmotoren. Folgendes ist grundsätzlich anders:

1. Motore

Die Auswahl der zur Verfügung stehenden Motore ist begrenzt. Wegen der Unwirtschaftlichkeit von Benzinantrieben in Booten gibt es nur wenige, aber dann auch vergleichsweise kräftige Basismotore. Es handelt sich mit Ausnahme der kleinen Fords, die auch fast nur in England marinisiert werden, um alte, leistungsstarke Maschinen mit hohem spezifischem Verbrauch. Dies sind diverse V8-Motoren aus Amerika, die alten 1100er/1600er und 1800er Vierzylinder von Ford UK (Fiesta, Escort, Scorpio etc), die Reihen-Sechszylinder von Jaguar (XJ6 Serie I-III), die alten V8 von Rover (3500, Range Rover etc) und natürlich die berühmten B18/B20/B30-Motoren von Volvo aus den 60ern/70ern (144, 164).

2. Besonderheiten

Eine Besonderheit der Marinisierung von Benzinmotoren betrifft ihre Kraftstoffanlage. Die hier noch häufig anzutreffenden Vergaseranlagen führen zu einer erheblichen Brandgefahr, der Motorraum muss daher unbedingt mit einer durchsatzkräftigen explosionssicheren Belüftung versehen werden, die so geschaltet sein muss, dass ein Starten des Motors ohne gleichzeitigem Anlauf des Lüfters unmöglich ist. Besser noch ist die zusätzliche Installation einer automatischen Feuerlöschanlage.

VOLVO B30 – ein in Skandinavien trotz seines Alters immer noch weit verbreiteter Bootsmotor

Wer einen Benziner mit Einspritzanlage marinisiert, muss sich besondere Gedanken über den Schutz der Elektronik und der Steckverbindungen vor Feuchtigkeit und Korrosion machen. Bei mechanischen Benzinpumpen lässt sich außerdem nicht immer die eigentlich erforderliche umschaltbare Treibstofffilteranlage (vgl.: *Kapitel III Ziff 2.2.6*) installieren, oft reicht die Leistung der einfachen Membranpumpen nicht aus, den zusätzlichen Widerstand der Filteranlage zu überwinden. All dies verdeutlicht, dass sich Benzinmotore im Grunde für den Bootsbetrieb nicht eignen.

VI. MARINISIERUNG VON E-MOTOREN

Ganz anders ist dies beim E-Antrieb. Ich wage an dieser Stelle die Vorhersage, dass der E-Antrieb in zehn Jahren bei kleineren Segelbooten in der Leitungsklasse bis 15 KW den Verbrennungsmotor eingeholt haben wird. Seine Leistungsdaten verbessern sich dramatisch, er bietet in Punkto Sicherheit und Handhabung große Vorteile und er ist relativ kostengünstig zu marinisieren.

Sein größter Nachteil ist und bleibt der Energiespeicher, also die Batterie, deren Kapazität immer zu klein erscheint. Deshalb eignet sich der E-Antrieb auch nicht für Motorboote, die für ein größeres Fahrgebiet vorgesehen sind. Hier wäre die Abhängigkeit von der Steckdose eine nur schwer zu akzeptierende Reichweitenbegrenzung. Daran wird auch die zu erwartende Verbesserung in Hinblick auf die Leistungsfähigkeit von Batterien erst einmal nichts ändern.

Doch wie viel anders sieht die Situation auf dem Segelboot aus: Der Antrieb wird meist nur kurzzeitig gebraucht und wenn man trotzdem einmal eine längere Flaute hindurch motort, kann man auch damit leben, hinterher an die Steckdose zu müssen. Dafür ist es an Bord leise, es riecht nicht nach Diesel und es gibt keine Borddurchbrüche für Kühlwasser, Abwasser oder die Abgasanlage. Schließlich sind E-Anlagen klein und leicht und daher für den Selbstbauer einfach zu handhaben. Außerdem gibt es keine Probleme mit der Konservierung im Winter und auch der Verschleiß der wartungsfreien Motore ist denkbar gering. Schließlich kann auf ein schweres und teures Wendegetriebe verzichtet werden – E-Motore laufen gleichermaßen vorwärts wie rückwärts.

1. Fertigsysteme

Es gibt zurzeit nur wenige fertige, direkt auf die Bedürfnisse von Seglern maßgeschneiderte Komplettsysteme. In erster Linie sind hier die Anlagen von ASMO-Marine aus Dänemark und von KRÄUTLER aus Österreich zu nennen, die mit Scheibenläufermotoren arbeiten und bei denen die Elektronik aufwendig vor Spritzwasser geschützt ist. Sogar gängige Motorfundamente (für Ex-Volvo-Maschinen) werden mitgeliefert, ebenso ein Zahnriemengetriebe. Dies alles hat seinen Preis, der sich für eine gängige 6 kW-Anlage für ein 10 m-Boot mit der dringend zu empfehlenden Rekuperation (dazu gleich) auf ca. 5.000 € bis 7.000 € summiert – Batterien, Ladegerät, DC-DC-Konverter und Überwachungsinstrumente exklusive. Eine Komplettanlage mit den oben genannten Elementen, die zum Betrieb unbedingt erforderlich sind, kommt so ohne weiteres auf etwa 7.000 € bis 9.000 € - ohne Einbau und Kleinteile. Einen wirklichen Preisvorteil gegenüber einem Dieselantrieb bringt diese „Luxusvariante" also erst im Betrieb, wenn die Treibstoffkosten und der Wartungsaufwand für die Verbrennungsmaschine entfallen.

Es geht auch wesentlich preiswerter, indem man sich die Komponenten selber zusammenstellt.

2. Eigenbau

2.1. Motore

Es stehen – von Außenbordern einmal abgesehen – im für den Hobby-Techniker interessanten Bereich Motore der Leistungsklasse von etwa 3–8 kW zur Verfügung. Da E-Motore bauartbedingt über ihre gesamte Drehzahlbreite ein gleichmäßig hohes Drehmoment abgeben und sie insbesondere im Teillastbereich wesentlich kräftiger sind als vergleichbare Verbrennungsmotore, kann man ungestraft etwa 50% mit der Leistung heruntergehen, ohne dass dies das Boot langsamer machen würde. Ein E-Motor mit 6 kW ersetzt also einen Dieselmotor mit 12 kW. Diese Leistung wiederum reicht nach althergebrachten Maßstäben für ein Boot mit einem Gewicht von 10 Tonnen (vgl.: *Kapitel II*). Selbst wer „modernere" Leistungsanforderungen stellt, kann ein Boot mit 7 to. ohne weiteres angemessen elektrisch motorisieren.

Es gibt zwei Gruppen von Motoren, die sog. Scheibenläufermotore und die herkömmlichen Motore. Welche man wählt, hängt weniger vom Prinzip als von den Platzverhältnissen ab. Der Scheibenläufermotor, z.B. von Lynch oder PMG, baut kürzer und höher und verfügt über eine flacher verlaufende Drehmomentkurve. Professionelle Systeme in dieser Leistungsklasse setzen ausnahmslos auf den Scheibenläufermotor. Beide An-

Scheibenläufermotor von Briggs & Stratton (Lynch-Lizenz)

triebsvarianten sind aber, verglichen mit Verbrennungsmotoren, sehr klein und leicht.

Die Motoren wurden in aller Regel nicht für den Einsatz in Schiffen konstruiert, sondern für Landfahrzeuge (Golfwagen, Krankenfahrstühle, Elektrokarren etc.). Das kann sich dann als Problem herausstellen, wenn der Motor in einer Umgebung mit hoher Korrosionsgefahr betrieben wird (Salzwasser) und nicht gut abgeschottet werden kann. Erfahrungswerte sind hierzu nicht bekannt, mit E-Maschinen angetriebene Boote verkehren häufig auf Binnenseen. Gleichwohl sollte man der Korrosionsgefahr durch Kontrolle und Vorbeugung auch auf der Nordsee Herr werden können.

Die Leistung der Motore bestimmt sich nach der Betriebsspannung. Der gleiche Motor kann mit 24V betrieben werden (und hat dann z.B. 3 kW), während er bei 72V 7 kW erreicht.

Das Angebot in der uns interessierenden Leistungsklasse von 3-8 kW ist im Übrigen zurzeit sehr überschaubar. Es gibt den bereits erwähnten Lynch-Scheibenläufermotor, der bei 48V ca. 6 kW bei etwa 3.500 U/min als Dauerleistung erbringt (kurzzeitig sind bis zu 10 kW möglich) und der in den USA (hierzulande wird er nicht direkt vertrieben) bei EVPARTS (*siehe Anbieterverzeichnis*) konkurrenzlose 375 $ kostet (es handelt sich um ein Lizenzprodukt, gefertigt von Briggs & Stratton). Der ähnlich aufgebaute deutsche PMG 132 leistet mit einer Spannung von 72 V 7,22 kW (6 kW bei 48 V) und kostet etwa 800 €. Er bietet den Vorteil eines inländischen Ansprechpartners (etwa für Garantiefragen) sowie vergleichsweise geringer Drehzahlen (bei einer Spannung von 48V dreht er lediglich 2.500 U/min). Rotomag in Indien liefert ebenfalls DC-Motore, allerdings keine Scheibenläufer. Einen europäischen Vertrieb gibt es zurzeit nicht, so dass diese Motore kaum zu beschaffen sind.

2.2. Motorfundament

EVPARTS (*siehe Anbieterverzeichnis*) in den USA liefert für 120 $ ein für alle Scheibenläufermotore passendes Fundament, das mit wenig Anpassung in die meisten Segelboote passen dürfte, das man sich aber mit ein wenig Geschick und einem Schweißgerät auch ohne weiteres selber bauen kann. Systeme von ASMO-MARINE oder KRÄUTLER werden ab Werk mit einem ähnlichen Motorfundament geliefert.

2.3. Getriebe

Der E-Antrieb benötigt kein Wendegetriebe, wohl aber eine Untersetzung. In welchem Verhältnis diese zu erfolgen hat, kann man näherungsweise bestimmen, wenn man die Leistungsdaten des zuvor eingebauten Verbrennungsmotors kennt und darüber hinaus weiß, ob dieser Motor dem Schiff optimal angepasst war, d.h., ob er in der Lage war, das Boot etwas unterhalb der Nenndrehzahl auf Rumpfgeschwindigkeit zu bringen. War dies der Fall, kann – hier als Beispiel – folgende Rechnung aufgemacht werden:

Das maximale Drehmoment des alten Verbrennungsmotors wurde bei 2.000 U/min erzeugt und das eingebaute

Bootsgetriebe hatte eine Übersetzung von 1:2. Dies bedeutet, dass die Welle bei dieser Konfiguration im optimalen Drehzahlbereich des Motors mit 1.000 U/min drehte. Wenn der ausgewählte E-Motor seine Nennleistung z.B. bei 3.000 U/min erzeugt, müsste seine Drehzahl also im Verhältnis 1:3 untersetzt werden, um auf die gleiche Propeller-Drehzahl zu kommen.

Üblicherweise wird die Übersetzung mittels Riemenscheiben und eines Zahnriemens erzielt, die man von der Stange kaufen kann (siehe Anbieterverzeichnis, *Kapitel VII*)). Wichtig ist, dass die Konstruktion konstruktiv dafür ausgelegt ist, vorwärts wie rückwärts die gleiche Drehzahl zu verkraften; bei herkömmlichen Bootsgetrieben ist dies in aller Regel nicht der Fall. Diese sind daher – auch wegen ihrer Größe und dem zu hohen Drehwiderstand – für den E-Antrieb nicht zu gebrauchen. Außerdem sind normale Bootsgetriebe oft gar nicht in der Lage, die hohen Drehmomente von E-Motoren zu übertragen. Manche Anbieter von E-Motoren offerieren auch komplette Motor-Zahnriemengetriebe-Einheiten (z.B. ASMO-MARINE, KRÄUTLER).

E-Motore können ohne weiteres auch auf vorhandene Saildrive-Anlagen montiert werden, allerdings muss man hier darauf achten, dass das hohe Drehmoment, das der E-Motor bereits übergangslos beim Start entwickelt, die Kegelräder des Saildrive nicht kurzfristig zerspant. Hier ist große Vorsicht angesagt. Gegebenfalls sollte man eine elektronische Anfahrverzögerung installieren und den Motor keinesfalls zu groß dimensionieren.

2.4. Motorsteuerung

Kern des E-Antriebs (und gleichzeitig größtes Problem für den Selbermacher) ist die Regelelektronik. Es versteht sich von selbst, dass die Leistung des Motors geregelt werden muss. Würde man ausschließlich einen entsprechend groß dimensionierten Ein-Aus-Schalter installieren, könnte man nur Vollgas geben, ein angesichts der hohen Drehmomente von E-Motoren gefährliches Ergebnis. Darüber hinaus ein völlig unwirtschaftliches, da E-Motoren ebenso wie ihre Verbrenner-Kollegen im Teillastbereich wesentlich wirtschaftlicher laufen.

Moderne Regelungselektronik arbeitet lediglich mit einem Leistungsverlust von 1-2% und wird etwa von der schweizerischen BRUSA AG oder den amerikanischen Hersteller SEVCON unter dem Markennamen Millipak und – besonders preiswert – von der englischen Firma 4QD (*siehe Anbieterverzeichnis*) hergestellt. Die Geräte kosten jeweils etwa ab 400 € und müssen vor Spritzwasser und Feuchtigkeit geschützt eingebaut werden, eine Vorgabe, die auf kleineren Segelbooten unter Umständen nicht einfach zu erfüllen ist. Hinzu kommt, dass die Geräte Wärme entwickeln, die abgeführt werden muss. Eine wasserdichte Kapselung des Steuergerätes scheidet daher aus.

Fahrhebel und Regelelektronik für Boote (BRUSA AG)

Der Einbauort muss möglichst hoch und trocken liegen und auch noch gut belüftet werden – nicht immer leicht zu erfüllende Vorgaben. Wenn gar nichts anderes hilft, kann man das Steuergerät auch kapseln (keinesfalls aber wasser- oder gar luftdicht!) und mit einem Ventilator versehen.

Die angebotenen Steuergeräte haben noch einen weiteren Nachteil: Sie sind nicht für Boote konstruiert worden, sondern für Anwendungen wie Golfwagen, Krankenfahrstühle etc. Die haben die Besonderheiten, nicht über einen Rückwärtsgang, wohl aber über eine Bremse zu verfügen. Letzteres trifft bekanntlich auf Boote nicht zu, dafür muss bei Booten die Möglichkeit bestehen, den Antrieb rasch umzusteuern. Hierfür benötigt man zusätzliche Schaltmöglichkeiten, die üblicherweise in einen Fahrhebel (wie wir ihn jedenfalls optisch auch von herkömmlichen Maschinenanlagen kennen) integriert sind und aufwendig sind. Die BRUSA AG bietet die abgebildete wasserdichte Variante für etwa 400 € an.

2.5. Batterien

Kraftquelle (und damit gleichzeitig auch größte Achillesferse) des E-Antriebes sind die Batterien.

Für den E-Antrieb kommen zurzeit ernsthaft nur Gel-Batterien in Frage, da diese – anders als die herkömmlichen Säure-Batterien - regelmäßige Entladungen von bis zu 50% ihrer Kapazität unbeschadet überstehen. Andere Batterietypen (z.B. auf Nickel-Cadmium-Basis) sind zu teuer und Blei-Säure-Batterien würden die im E-Betrieb auftretenden Belastungen mit einem raschen

Exitus quittieren. Außerdem sind Gel-Batterien generell kippsicher, eine auf Segelbooten zwingende Voraussetzung.

Die Anzahl der Batterien hängt von der Stromaufnahme des Motors ab – und die wiederum von der abgeforderten Leistung. Es ist ohne weiteres möglich, den gleichen Motor mit 5 kW oder 8 kW Leistung zu fahren – im ersten Fall wird er mit 36V gespeist, im zweiten mit 60V. Da für uns in Frage kommende Batterien immer eine Nennspannung von 12 V aufweisen, benötigt man also in diesen Beispielsfällen mindestens drei oder fünf Batterien. In den meisten der hier beschriebenen Anwendungsfälle wird man auf eine Betriebsspannung von 48V zurückgreifen, also auf eine durch vier teilbare Zahl der Batterien.

Welche Batteriekapazität (Amperestunden) konkret erforderlich ist, muss anhand der genauen Daten des Schiffes ermittelt werden. Ein Beispiel kann allgemein die erforderliche Größenordnung aufzeigen: Wer sein Segelboot mit einem Gewicht von 3,5 to mit einem 48V E-Antrieb und 6 kW ausrüstet, kann bei Halblast mit einem Batteriesatz von 120 Ah etwa 50 Seemeilen weit fahren, bis die Batterien nachgeladen werden müssen. Der Größe der Batteriesätze sind motorseitig im Übrigen keine Grenzen gesetzt. Hier spielen allein das Gewicht und der Platzbedarf der Batterien (und natürlich die Kosten) eine Rolle.

2.6. Überwachungsinstrumente

Ähnlich wie der Dieselmotor muss auch der E-Antrieb überwacht werden, und zwar muss man in erster Linie wissen, wie der Füllstand der Batterien ist, wie hoch der gegenwärtige Stromverbrauch ist und wie groß die verbleibende Reichweite.

Überwachungsinstrumente von BRUSA (oben) und XANTREX

Dies und noch einiges mehr zeigen leistungsfähige digitale Überwachungsinstrumente an, die freilich auch ihren Preis haben: Unter 200 € sind sie nicht zu haben. Man kann sich natürlich auch mit einem Volt- und Amperemeter behelfen und nach vorne und zurück rechnen, empfehlenswert ist das aber nicht. Es gibt aber auch einfachere Ah-Zähler für den halben Preis, die notfalls reichen. Wer seinen E-Antrieb oft nutzt, wird aber ein komplexeres Überwachungsinstrument sehr zu schätzen lernen.

2.7. DC-DC Wandler

Schließlich benötigt man noch einen DC-DC-Wandler, der die Betriebsspannung (in unserem Beispiel 48V) auf 12V wandelt, um die herkömmlichen Verbraucher (Licht, Bordelektrik, Pantry etc.) damit zu versorgen. Eine separate 12V-Batterie erübrigt sich so.

2.8. Propeller

Ob der installierte Propeller beibehalten werden kann, muss im Einzelfall geprüft (meist ausprobiert) werden. Die Erfahrung hat gezeigt, dass man mit dem Standart-Prop auch unter einem E-Motor gute Ergebnisse erzielt, wenngleich der E-Motor aufgrund seines gewaltigen Drehmomentes in der Lage wäre, wesentlich größere Schrauben zu bewegen als der vergleichsweise kraftlose Verbrenner. Meist ist hierfür aller kein Platz. Wichtig ist auch, dass der Propeller im Segelbetrieb leicht und frühzeitig mitdreht, um so die Rekuperation (Energierückgewinnung, *siehe dazu gleich*) zu erleichtern.

3. Batterieladung

Das Thema der Batterieladung ist eines der wichtigsten im Zusammenhang mit dem E-Antrieb. Schließlich gibt es nicht in jedem Hafen Steckdosen und dass man große Batteriebänke nicht mittels Sonne oder Wind allein aufladen kann, hat sich bereits herumgesprochen. Wir unterscheiden zwischen der Primärladung (= kurzfristige Ladung entladener Batteriebänke) und der Erhaltungsladung (= Ausgleich der natürlichen Entladung von Batterien bei Nichtgebrauch).

3.1. Primärladung

3.1.1. Landstrom

Die Ladung des Batteriesatzes über Landstrom muss immer vorgesehen werden. Das Ladegerät sollte so gewählt werden, dass seine Leistung 10% der installierten Batteriekapazität überschreitet. Wer z.b. 4 Batterien mit je 120 Ah installiert hat, sollte ein Ladegerät mit einem Ausgang von 48V und mindestens 15 Ah Leistung wählen. Die Ladung halb entladener Batteriesätze wird so etwa 4-6 Stunden in Anspruch nehmen. Ladegeräte mit moderner Kennlinie können immer angeschlossen bleiben und sorgen so gleichzeitig für die Erhaltungsladung der Batterien, ohne dass diese Schaden nehmen. Unbedingt darauf achten, dass die Kennlinie des Ladegerätes zu dem gewählten Batterietyp passt, Gel-Batterien brauchen wegen ihrer besonderen Empfindlichkeit gegen Überladung andere Ladeströme als herkömmliche Traktionsbatterien.

3.1.2. Rekuperation

Auf die Möglichkeit der Energierückgewinnung durch Rekuperation sollte man auf keinem Fall verzichten, zumal sie sich mit geringem Aufwand in das System integrieren lässt. Hier für wird der ohne Last laufende Motor als Generator zur Energieerzeugung genutzt, wenn er durch die Welle beim Segeln durchgedreht wird. Alle modernen Motorsteuerungen erlauben die Rekuperation und sorgen dafür, dass die Batterien keine schädliche Überspannung bekommen.

Die Ladeleistung hängt hier sehr stark von den individuellen Verhältnissen ab, als Leitlinie kann man aber davon ausgehen, dass man im Falle eines entladenen Batteriesatzes nach etwa 60 Minuten Dynamoantrieb genug Batteriekapazität zur Verfügung hat, um ein Hafenmanöver zu Ende zu fahren. Im Umkehrschluss kann man in etwa damit kalkulieren, die Batterien nach einer Stunde wieder voll geladen zu haben, wenn man den Hafen mit vollen Batterien verlassen hat, aber das Ablege- und Auslaufmanöver unter Motor durchgeführt hat. Das komplette Laden eines leeren Batteriesatzes wird auf diese Art und Weise unter optimalen Bedingungen in einer Zeit von 7-9 Stunden erfolgen können. Solche Bedingungen findet man zwar in der Praxis nicht sehr oft vor, aber wer seinen E-Antrieb so nutzt, dass er ihn im Rahmen eines normalen Segeltages etwa eine Stunde unter Motor und den Rest der Zeit unter Segeln fährt und er dabei die üblichen Verbraucher (Log, Lot, GPS, Elektronik) nutzt, wird seinen Batteriesatz mittels Rekuperation immer voll halten können, ohne auf einen Landanschluss angewiesen zu sein.

Der mit der Rekuperation zwangläufig einhergehende Geschwindigkeitsverlust lässt sich nicht generalisieren, hier hängt zu viel von den individuellen Verhältnissen ab. Als Näherungswert kann man von 0,5 kn ausgehen. Und: Unterhalb einer Fahrgeschwindigkeit von etwa 5 kn durch das Wasser reicht das Drehmoment der Schraube meist nicht aus, um zu rekuperieren. Die Rekuperation ist im Übrigen auch mit einem Faltpropeller möglich.

3.1.3. Generator

Die feste Installation eines mit Benzin oder Diesel betriebenen Generators zum Aufladen der Batterien ist wegen des übergroßen Energieverlustes und des Verlustes vieler Vorteile des E-Antriebs (Einbauverhältnisse, Gewicht, kein Treibstoff an Bord etc.) Unsinn. Denken kann man allenfalls daran, für Notsituationen (man liegt mit entladenen Batterien in einem entlegenen Sielhafen ohne Strom, Wind und Sonne) einen kleinen mobilen Stromerzeuger an Bord zu haben, dessen Leistung (0,7 kVA – 2 kVA) durchaus ausreicht, den Batteriesatz in ein paar Stunden soweit zu laden, dass auch bei Flaute ein sicheres Weiterkommen möglich ist. Er muss allerdings die Energieklasse 1 aufweisen.

3.2. Erhaltungsladung

Zunächst zu den Möglichkeiten der Gering- oder Erhaltungsladung. Sie dient dazu, mit bordeigenen Mitteln den Ladungszustand des Batteriesatzes zu erhalten (also der schleichenden Entladung auch bei Nichtbenutzung von Batterien entgegenzuwirken) bzw. geringfügige Entladung durch kurze Nutzung des Antriebs, etwa einem Hafenmanöver, zu kompensieren. Hierzu zählen die Nutzung von Wind und Sonne.

3.2.1. Windgenerator

Eine probate Möglichkeit der Erhaltungsladung ist die des Einsatzes eines Windgenerators. Diese gibt es handelsüblich in Stärken von bis zu 600 Watt und – kräftigen Wind vorausgesetzt – man kann hiermit durchaus einen halb entladenen Batteriesatz in ein bis zwei Tagen wieder auffüllen. Allerdings sind Windgeneratoren teuer und man sollte bedenken, dass man bei Wind oft segelt – und dann kann man wesentlich besser rekuperieren.

3.2.2. Solarenergie

Wo die Platzverhältnisse den Einbau von Solarmodulen zulassen, können auch diese für die Erhaltungsladung eingesetzt werden. Man kann als Richtschnur davon ausgehen, dass ein Modul mit einer Fläche von 70 x 70 cm etwa 200 Watt/Tag erzeugt – Sonnenschein und gute Einstrahlungsverhältnisse vorausgesetzt. Dies zeigt, dass auf einem normalen Segelboot mit seiner begrenzen Fläche mittels Sonnenenergie mehr als die reine Erhaltungsladung nicht möglich ist.

4. Fazit und Kosten

Der E-Antrieb für Segelboote ist technisch nicht nur machbar, seine Realisierung ist auch deutlich preiswerter als der Einbau eines neuen Dieselantriebs. Selbst den Vergleich zur eigenhändigen Marinisierung gebrauchter Dieselmotore braucht der (fabrikneue!) E-Antrieb nicht zu scheuen.

Was kostet der E-Antrieb? Die folgende Tabelle enthält eine realistische Kalkulation für die Ausrüstung eines 10 m langen und ca. 4 to. schweren Segelbootes mit einem E-Antrieb, wobei jeweils die günstigsten Komponenten ausgewählt wurden. Man kann natürlich noch weiter sparen, etwa durch Verkleinerung der Batteriesätze oder durch Weglassen der Überwachungsinstrumente, das ist jedoch in der Regel nicht empfehlenswert.

Motor 6 kW	500 €
Motorsteuerung	400 €
Fahrhebel	200 €
Überwachungsinstrumente	500 €
Ladegerät 220/48V 15 Ah	500 €
DC-DC-Wandler (48/12V)	200 €
Batterien (4/120 Ah)	500 €
Kleinteile	300 €
Summe ca.	**3.000 €**

Mit dieser realistischen Kalkulation eines kompletten, sinnvoll zusammengestellten Systems wird deutlich, dass der selbst gebaute E-Antrieb auch auf der Kostenseite große Vorteile für sich verbuchen kann. Für diesen Preis gibt es keine neuen Marinediesel. Und die Vorteile setzen sich fort: Wer viel segelt, wird nur selten Landstrom benötigen, sondern rekuperiert fleißig. Er spart alle sonst anfallenden Treibstoffkosten. Ölwechsel, Motor einstellen, Filterwechsel? Dies alles entfällt. Der Motor (und die Elektronik, bei gutem Schutz gegen Feuchtigkeit und sorgfältiger Abfuhr der Abwärme jedenfalls) halten mehr oder weniger unbegrenzt, lediglich die Schleifkohlen und der Antriebsriemen müssen etwa alle fünf Jahre gewechselt werden. Das gleiche gilt für die Batterien; wer Gel-Batterien wählt, kann eher mit einer Lebensdauer von 8-10 Jahren rechnen. Ansonsten kann man den Antrieb „vergessen" und sich über eine höchst zuverlässige Maschinenanlage freuen, die nicht warmlaufen muss, sondern auf Knopfdruck parat steht. Dass man außerdem noch die Borddurchbrüche für das Kühlwasser und den Auspuff dauerhaft verschließen kann, kann man unter das Thema „Sicherheit" verbuchen.

VII. DER HYBRIDANTRIEB

In der Praxis noch weitgehend ungenutzt sind die Möglichkeiten des Hybridantriebs. Hierunter versteht man die Kombination eines Verbrennungsmotors mit einem elektrischen Antrieb, wobei der Verbrennungsmotor entweder ausschließlich der Stromerzeugung dient oder aber als vollwertiger Antrieb das Boot unabhängig vom E-Motor anzutreiben vermag, gleichwohl aber auch hier die Batterien lädt.

Der Hybridantrieb ist in Booten nahezu unbekannt, was einfache Gründe hat: Man benötigt zwei Antriebe an Stelle von nur einem und das ist in der Summe eine schwere und teure Angelegenheit. Hinzu kommt, dass Hybridantriebe, bei denen der Verbrennungsmotor allein der Stromerzeugung dient, in ihrer Energiebilanz unwirtschaftlich sind und sie allenfalls in sehr seltenen Ausnahmesituationen sinnvoll sind (extreme Umweltschutzvorschriften bedingen einen E-Antrieb, die regelmäßige Fahrtstrecke ist mit Batterien allein jedoch nicht zu bewältigen). Diese Situation trifft der normale Marinisierer jedoch kaum an. Und: Es werden immer mal wieder Versuche mit professionellen Hybridantrieben auf Yachten und Sportbooten gemacht (z.B. von der holländischen Firma VETUS), zur Serienreife gebracht wurde aber bislang nichts. Umso schwieriger ist es, hier als Eigenbauer den Pionier zu spielen.

Es gibt jedoch Rahmenbedingungen, die einen Hybridantrieb unter technischen, aber auch unter kostenmäßigen Aspekten sinnvoll erscheinen lassen: Dann nämlich, wenn in einem Boot, das sich von der Größe und dem Einsatzgebiet grundsätzlich für eine Elektrifizierung eignet, bereits ein Verbrennungsmotor installiert ist, der noch verwendungsfähig ist, auf den allein man sich aber nicht verlassen möchte oder dessen Ökobilanz man aufbessern möchte. Dies kann zum Beispiel der Fall sein, wenn auf einem Segler ein Benzin-Motor eingebaut ist oder der eingebaute Motor sich für die besonderen Einsatzbedingungen als zu schwach erwiesen hat (ein Boot, das bisher auf einem Binnen-Gewässer eingesetzt wurde, muss sich gegen Wind und Gezeitenströme der Nordsee bewähren). Oder es kann der Fall auftreten, dass die installierte Maschine alt ist – so alt, dass man sich nicht mehr auf sie alleine verlassen möchte, aber auf der anderen Seite noch soweit in Schuss, dass man sie ungern zum Alteisen werfen möchte. Hinzu kommt, dass Verbrennungsmotoren auf Seglern oft nur kurz laufen, z.B. bei Hafenmanövern, was den Verschleiß unnötig in die Höhe treibt. Wie schön wäre es, den Verbrennungsmotor nur auf der Langstrecke einzusetzen und die kurzen Strecken dem E-Motor zu überlassen! So macht es übrigens auch die englische Küstenwache, die auf der Themse einige Boote mit einem solchen Dieselelektrischen Antrieb ausgerüstet

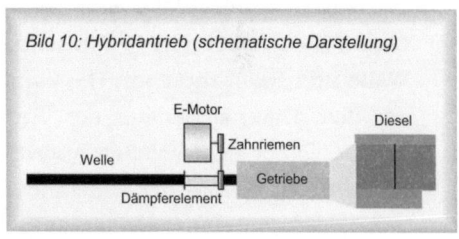

Bild 10: Hybridantrieb (schematische Darstellung)

hat. Bei Langsamfahrt arbeitet der E-Motor, bei Schnell- und Langfahrt der Diesel.

In solchen Fällen bietet sich als preisgünstige, aber auch technisch elegante Lösung die zusätzliche Installation eines kleinen E-Antriebes an, dessen Batterien vom Generator des Verbrennungsmotors geladen werden. Diese Lösung ist vergleichsweise preiswert, weil der E-Antrieb längst nicht so groß dimensioniert werden muss wie im Falle der Installation einer solitären E-Anlage. Hinzu kommt, dass man auf diese Weise recht elegant das größte Manko des E-Antriebs umschiffen kann: dessen begrenzte Reichweite. Muss man länger unter Motor fahren, als den Batterien das lieb ist, verwendet man den Verbrennungsmotor, benötigt man den Antrieb nur kurz, z.B. im Hafen, so nutzt man den verschleißarmen E-Antrieb. Dies führt zu einer wesentlichen Verlängerung der Lebensdauer der Verbrennungsmaschine, deren Einsatzzweck auf die seltene „Langstrecke" beschränkt ist. Schließlich lässt sich so ein komplementärer E-Antrieb sehr preiswert – nämlich zum Bruchteil eines Diesel-Antriebs – installieren. Und: Wer zwei voneinander unabhängige Antriebe an Bord hat, wird im Notfall immer die erforderliche „Power" haben.

Der Verbrennungsmotor treibt über das herkömmliche Bootsgetriebe die Welle und den Propeller an. Der E-Motor greift über einen Riemenantrieb direkt auf die Welle und treibt diese an. Die Zahnriemenscheibe muss vor dem Dämpferelement der Welle installiert werden. Nachteilig bei einer solchen Anordnung ist – neben dem erhöhten Gewicht – der Umstand, dass der E-Motor einen erhöhten Reibungswiderstand zu bewältigen hat, da er nicht nur Welle und Schraube, sondern zusätzlich noch das (im Leerlauf befindliche) Bootsgetriebe drehen muss. Diese Nachteile sind aber ebenso unumgänglich wie tolerierbar und werden von den aufgezeigten Vorteilen mehr als kompensiert.

1. E-Motor

1.1. Motorgröße

Für die Auswahl des richtigen Motors gilt auch zunächst das oben für reine E-Antriebe gesagte. Allerdings kann die Leistung des Motors im Zusammenhang mit der Erstellung einer Hybrid-Anlage deutlich geringer (30-50%) dimensioniert sein, da es nicht Aufgabe des E-Motors ist, das Schiff in schwierigen Situationen auf Rumpfgeschwindigkeit zu bringen. Die Firma Köllner-Motoren (siehe: *Anbieterverzeichnis*) bietet einen kompletten Hilfs-E-Motor mit 2 kW bei 24 V an, der mit einer Zweistufen-Schaltung und einem Keilriemenantrieb geliefert wird. Er reicht für Boote bis zu 2 to als Hilfsantrieb. Bei einem Segelboot von 6 to. genügen unter Umständen schon 5–6 elektrisch erzeugte kW, um das Schiff auf 4-5 kn zu beschleunigen – mehr als genug für die beschriebenen Einsatzzwecke des komplementären E-Motors.

1.2. Installation

Die Installation erfolgt ähnlich wie beim reinen E-Antrieb, allerdings mit dem Problem, dass der Verbrennungsmotor den zur Verfügung stehenden Platz für die Komponenten des E-Antriebs einschränkt.

Auch hier muss der E-Motor wieder untersetzt werden, was sich am besten mittels zweier Zahnriemenscheiben und eines Zahnriemens realisieren lässt. Bei schwächeren Motoren genügt auch ein Keilriemenantrieb. Auf die Ausführungen zum E-Antrieb auch hinsichtlich der Berechnung der Untersetzung wird verwiesen. Die größere der beiden Riemenscheiben wird auf die Welle des E-Motors gesetzt. Bei Norm-Zahnriemenscheiben gibt es in aller Regel keine Passprobleme, wenn es dennoch haken sollte, muss eben der Schlosser um die Ecke helfen. Ungleich schwieriger ist die Montage der kleineren Zahnriemenscheibe auf der Welle. Es wird in den meisten Fällen nichts anderes übrig bleiben, als die Welle am vorderen Ende (also hinter dem Getriebeausgang oder unmittelbar vor dem Dämpferelement, falls vorhanden) so zu bearbeiten, dass die Zahnriemenscheibe auf die Welle geschoben und anschließend verschweißt werden kann. Dies ist Präzisionsarbeit, da die Zahnriemenscheibe vollkommen rund laufen muss und auch die Welle später keine größere Unwucht aufweisen darf. Im Zweifelsfall bietet es sich an, die Welle nach erfolgter Montage der Riemenscheibe auswuchten zu lassen. Dies erledigt jeder Betrieb, der Gelenkwellen herstellt oder instand setzt.

Der optimale Einbauplatz für den Motor wird einmal dadurch vorgegeben, dass die beiden Riemenscheiben logischerweise genau fluchten müssen. Andernfalls würde der Riemen in Kürze reißen oder abspringen. Dies wird in aller Regel zu Folge haben, dass der E-Motor „falsch" herum, also mit der Riemenscheibe nach vorne eingebaut wird, da er andernfalls mit dem vor der unteren Riemenscheibe liegenden Getriebe in Konflikt käme. Hinzu kommt, dass auch der vertikale Abstand des Motors von der Welle bzw. der darauf befindlichen Riemenscheibe nicht willkürlich gewählt werden kann. Er wird nicht nur von der zur Verfügung stehenden Einbauhöhe limitiert – die wegen der über der Welle üblicherweise untergebrachten Plicht ohnehin begrenzt ist –, sondern auch von der Länge des gewählten Zahnriemens. Der Motor muss so positioniert werden, dass der Riemen von selber gespannt wird, für zusätzliche Riemenspanner ist in der Regel kein Platz. Sollte über der Welle nicht genügend Platz für die Montage des Motors sein, so kann man ihn auch seitlich anordnen, sollte aber dann einen entsprechenden Gewichtsausgleich schaffen (etwa durch Platzierung der Batterien).

Hat man den optimalen Einbauort gefunden, muss eine Halterung für den E-Motor konstruiert werden. Diese muss angesichts der Kräfte, insbesondere des hohen Drehmoments, das der E-Motor entwickelt, großzügig dimensioniert sein und den Motor an allen vom Hersteller hierfür vorgesehenen Aufnahmen stützen. Eine elastische Lagerung wie bei Verbrennungsmotoren unabdingbar ist nicht nur nicht erforderlich (der E-Motor erzeugt nur geringe Schwingungen), wegen des nur begrenzt elastischen Zahnriemens wäre sie für diesen auch schädlich.

Wichtig ist ferner, dafür zu sorgen, dass der E-Motor nur im Eingriff sein kann, wenn das Bootsgetriebe sich im Leerlauf oder in Voraus-Stellung befindet, da ein den Verbrennungsmotor mit voller Kraft rückwärts drehender E-Motor erheblichen Schaden anrichten kann. Eine einfacher Methode, dies zu gewährleisten, besteht darin, den E-Fahrhebel so dicht hinter dem Getriebeschalthebel zu installieren, dass bei eingelegtem Rückwärtsgang der E-Fahrhebel nicht mehr betätigt werden kann.

2. Umformer, Batterien, Ladetechnik

Hier gilt zunächst das oben zu reinen E-Antrieben gesagte. Natürlich benötigt der Hybridantrieb nicht die gleichen Batteriekapazitäten wie der reine E-Antrieb, da man auf der Langfahrt immer auf den Verbrennungsmotor zurückkreifen kann. Hier kann man sich auf eine Reichweite von 1-2 Fahrtstunden beschränken.

Auch bei der Ladetechnik gibt es naturgemäß Besonderheiten, da man das Ladegerät bereits an Bord hat: Den Verbrennungsmotor. Dessen Lichtmaschine muss freilich auf die Kapazität der zu ladenden Batterien abgestimmt sein, erfahrungsgemäß reichen die heute serienmäßig installierten Generatoren aber meist aus, zumal der E-Antrieb hier in aller Regel nicht mehr als zwei Batterien benötigt. Wer einen E-Motor mit Rekuperationsmöglichkeit (siehe: *Kapitel V Ziff. 5.2.1*)) installiert, benötigt keine stärkere Lichtmaschine: Er dreht den E-Motor mit dem Verbrennungsmotor durch und erzeugt so seinen Strom. Bei solch einer Konstellation kann auf den Landanschluss verzichtet werden.

Und oftmals kann auch auf die komplexe elektronische Motorsteuerung verzichtet werden. Es genügt bei schwächeren Maschinen z.B. der Einbau eines Ein- oder Zweistufenschalters, da die Maschine auch bei Vollgas noch beherrschbar ist und sie im Wesentlichen ohnehin zu Hafenmanövern eingesetzt wird.

VIII. ANBIETERVERZEICHNIS

1. Motore

1.1. Verbrennungsmotore

Verband der Motoreninstandsetzungsbetriebe e.V	Christinenstr. 3 40880 Ratingen Tel: 0 21 02-44 72 22 Fax: 0 21 02-44 72 25 www.vmi-ev.de
Sauer und Sohn	Groß-Zimmerner-Str. 51 64807 Dieburg Tel: 06071-2060 Fax: 06071-206300 www.sauerundsohn.de
Werner Meyer Motoreninstandsetzungen GmbH & Co. KG	Postfach 168 21354 Bleckede Tel: 05852-950 0 Fax:: 05852-950 60 www.meyermotoren.de
MKG Motoren Köln GmbH	Lülsdorferstrasse 48 53842 Troisdorf-Spich Tel: 02241-16519-0 Fax: 02241-16519-19 www.motorensuche.com
DMV Dieselmotoren und Antriebssysteme Vertriebsgesellschaft mbH	Am Nordkreuz 36 D-26180 Rastede Tel: 04402-8 35 95 Fax: 04402- 8 35 98 www.dmv-bootsdiesel.de

1.2. E-Motore und Zubehör

ASMO Marine

Klerkegade 19
DK 1308 Kopenhagen
Tel: 0045-33931660
www.asmomarine.com

Generalvertretung für Deutschland, Österreich, Schweiz:

Solarwaterworld AG
Laubbreite 21
D-31789 Hameln
Deutschland
Tel: 05151-963512
Fax: 05151-963369
www.solarwaterworld.de

ECOBOOT
Bootswerft Gorch von Blomberg

Am Überwinterungshafen 6
21079 Hamburg-Harburg
Tel: 040-329086-0
Fax: 040-329086-11
www.ecoboot.de

EVPARTS
Electric Vehicles, Parts, Accessories

107 Louisa Street
Port Townsend
Washington WA 98368
Tel: 001-800-327-8387
www.evparts.com
(Motoren, Zubehör)

L.M.C The Lynch Motor Company

Unit 8, Heath Close,
Heath Park Estate,
HONITON, Devon,
EX14 1SN
Telephone +44 (01404) 44132
FAX +44(01404) 47050
www.lemcoltd.com
(Scheibenläufermotoren)

Solar Wave Roland Gabler	Stelzenweg 6 34327 Körle Tel/Fax: 05665-4666 www.solarwave.de (vertreibt Siemens-Systeme)
Siemens AG Automatisierungs- und Antriebs- technik, Motion Control Systeme	Frauenauracher Str. 80 Postfach 3180 91050 Erlangen www.siemens.de
Perm Motor GmbH (PMG)	Kesslerstr. 3 79203 Breisach Tel: 07667-9063-0 www.perm-motor.de (Scheibenläufermotoren, Zube- hör)
Kräutler Elektromaschinen GmbH	Hohenemser Str. 47 A-6890 Lustenau Tel: 0043-5577-82534-0 Fax: 0043-5577-82534-10 www.kraeutler.at (Komplettsysteme)
4QD	30 Reach Road Burwell Cambridgeshire CB5 0AH UK www.4qd.co.uk (Spezialist für elektronische Fahrregler)
BRUSA Elektronik AG	Neudorf 14 CH 9466 Sennwald Tel.: 0041-81 758 19 00 Fax: 0041-81-758 19 99 www.brusa.biz (Spezialist für elektronische Re- gelsysteme und Zubehör)

2. Marinisierungskomponenten

2.1. Allgemein

Apparatebau Harald Schönstein GmbH	Postfach 520403 22594 Hamburg Tel: 040-89 30 03 Fax: 040-89 30 05 www.apte-hamburg.de (Kombikühler, Pumpen)
Köllner Motoren Import	Siemensstr. 2 30827 Garbsen Tel: 05131-60 33 Fax: 05131-61 37 www.koellnermotoren.de
Lancing Marine	51 Victoria Road Portslade, Sussex BN 41 1XY Tel: 0044-1273-410025 Fax: 0044-1273-430290 www.lancingmarine.com
Chandlery direct	222 Nuneaton Road Nuneaton Tel: 0044-2476 740987 Fax: 0044-2476 740987 www.chandlerydirect.com
DMV Dieselmotoren und Antriebssysteme Vertriebsgesellschaft mbH	Am Nordkreuz 36 D-26180 Rastede Tel: (04402) 8 35 95 Fax: (04402) 8 35 98 www.dmv-bootsdiesel.de (speziell Mercedes-Motore)

Serius Yachtausrüstung GmbH	Walchenseestr. 1 12527 Berlin 030-6744833 030-6749804 www.serius.de

2.2. Kombikühler

E. J. Bowman (Birmingham) Ltd	Chester Street Birmingham B6 4AP Tel: 0044-121 359 5401 Fax: 0044-121 359 7495 www.ejbowman.co.uk Händler für Deutschland: Apparatebau Harald Schönstein GmbH Postfach 520403 22594 Hamburg Tel: 040-89 30 03 Fax: 040-89 30 05 www.apte-hamburg.de
Serius Yachtausrüstung GmbH	Walchenseestr. 1 12527 Berlin 030-6744833 030-6749804 www.serius.de
DMV Dieselmotoren und Antriebssysteme Vertriebsgesellschaft mbH	Am Nordkreuz 36 D-26180 Rastede Tel: (04402) 8 35 95 Fax: (04402) 8 35 98 www.dmv-bootsdiesel.de (speziell Mercedes-Motore)

Köllner Motoren Import	Siemensstr. 2 30827 Garbsen Tel: 05131-60 33 Fax: 05131-61 37 www.koellnermotoren.de (speziell VW-Motore)

3. Getriebe

3.1. Wendegetriebe

ZF Friedrichshafen AG	88038 Friedrichshafen Tel: 07541-77 22 07 Fax: 07541-77 42 22 www.zf.com www.zfmarine.com (mit umfangreichem Händlerverzeichnis)
Newage (PRM) Transmissions Ltd	Barlow Road Aldermans Green Industrial Estate Coventry England CV2 2LD Tel: 0044-24 7661 7141 Fax: 0044-24 7661 1845 www.newage-prm.co.uk (vertreibt PRM und Velvet-Getriebe) Händler für Deutschland: Dintra Transmissies B.V. Keizerswoert 30 3881 LE Putten Holland Tel: 0031-3413-53712 Fax: 0031-3413-60046 www.dintra.nl

Marine and Industrial Transmissions Ltd.	Queenborough Shipyard Queenborough, Kent ME11 5EE Tel: 0044-1795-580808 Fax: 0044-1795-580900 www.mitgroup.co.uk (Hersteller von Twin-Disc Getrieben)
Velvet Drive Transmissions/Marine Liberty	South Carolina, USA Tel: 001- 864-843-9234 Fax: 001-864-843-1276 www.velvetdrive.com Händler für Deutschland: Newage (PRM) Transmissions Ltd Barlow Road Aldermans Green Industrial Estate Coventry England CV2 2LD Tel : 0044-24 7661 7141 Fax : 0044-24 7661 1845 www.newage-prm.co.uk
technodrive	7219 N.Gessner Houston, TX 77040 Tel: 001-888-863 4373 Fax: 001-713-455 1320 Vertrieb in Deutschland durch: Köllner Motoren Import Siemensstr. 2 30827 Garbsen Tel: 05131-60 33 Fax: 05131-61 37 www.koellnermotoren.de

Serius Yachtausrüstung GmbH	Walchenseestr. 1
	12527 Berlin
	030-6744833
	030-6749804
	www.serius.de

3.2. Z-Antriebe

sternpowr by	51 Victoria Road
Lancing Marine	Portslade, Sussex
	BN 41 1XY
	Tel: 0044-1273-410025
	Fax: 0044-1273-430290
	www.lancingmarine.com

Funtime GmbH	Rheinstr. 181
	56564 Neuwied
	02631-34400
	02631-344044
	www.funtime-parts.de

Peter Pauls GmbH	Am Yachthafen
	24404 Maasholm
	04642-5421
	04642-2270
	www.peter-pauls.de

3.3. Zahnriemen, Scheiben

Walter Flender Antriebstechnik	Schwarzer Weg 100-106
	40593 Düsseldorf
	Tel: 0211-70 07-00
	Fax: 0211-70 07-227
	www.maschinenlager.de
	www.walther-flender.de

3.4. Dämpferplatten

Firma Johannes Krahwinkel	Ahlerhof 18 56112 Lahnstein Tel. 02621/40550 Fax: 02621/18398 www.krahwinkel-kpm.de
DMV Dieselmotoren und Antriebssysteme Vertriebsgesellschaft mbH	Am Nordkreuz 36 D-26180 Rastede Tel: (04402) 8 35 95 Fax: (04402) 8 35 98 www.dmv-bootsdiesel.de